D1923622

AMV

Fernand Lequenne

Gesundheit wächst im Garten

Die Heilkraft unserer Früchte, Kräuter und Gemüse

Albert Müller Verlag
Rüschlikon-Zürich
Stuttgart · Wien

Aus dem Französischen übersetzt von K.-O. v. Czernicki. – Titel des französischen Originals: «Le Jardin de Santé», erschienen bei Robert Morel Editeur, Les Hautes Plaines de Mane, Forcalquier, France. © 1972 Robert Morel. – Deutsche Ausgabe: © Albert Müller Verlag, AG, Rüschlikon-Zürich, 1975. – Nachdruck, auch einzelner Teile, verboten. Alle Nebenrechte vom Verlag vorbehalten, insbesondere die Filmrechte, das Abdrucksrecht für Zeitungen und Zeitschriften, das Recht zur Gestaltung und Verbreitung von gekürzten Ausgaben und Lizenzausgaben, Hörspielen, Funk- und Fernsehsendungen sowie das Recht zur photo- und klangmechanischen Wiedergabe durch jedes bekannte, aber auch durch heute noch unbekannte Verfahren. – ISBN 3 275 00585 5. – 1/5-75. – Printed in Switzerland.

Inhaltsverzeichnis

Vorwort

Von dem Garten will ich sprechen, den wir alle im Herzen oder um uns einrichten und bepflanzen möchten. Gerade heute hungert und dürstet der Mensch mehr denn je zuvor nach einem Garten – die Gründe dafür sind allgemein bekannt.
Nicht umsonst sucht jeder Mann, jede Frau ihn zu genießen – und sei es nur ein Balkon mit ein paar Blumentöpfen, einem Stuhl oder zwei, einem Sonnenschirm und vielleicht sogar einem Grill, auf dem sich nach alter Väter Sitte ein Stück Fleisch rösten läßt.
Aber ich schreibe dieses Buch auch – oder vielmehr fast in erster Linie – für all jene, die nicht einmal so einen Balkon haben und Gefahr laufen, böse Menschen zu werden, weil sie auch im Herzen keinen Gesundheitsgarten tragen.
Möge dieses Buch durch seine unmittelbar und praktisch anwendbaren Rezepte möglichst vielen Lesern zur Gesundheit verhelfen, die für uns alle im Garten wächst!

Der ideale Garten für unsere Gesundheit

Glücklich, wer wählen kann und einen idealen Garten findet! Und zwar einen Garten, der nicht nur die verschiedenartigsten, besten und gesündesten Nahrungsmittel und Wirkstoffe sowie die für das menschliche Leben notwendigen Spurenelemente reichlich liefert, sondern auch die Freude, ohne die ein Garten, den man selbst bebaut, nur halb soviel wert ist. Aus diesem Grunde sollte der Garten auch unmittelbar am Hause liegen. Man muß ihn jederzeit sehen können: vom Schlafzimmer aus, schon morgens beim Aufstehen, ja sogar von der Küche aus. Man sollte dem Garten beim Wachsen zusehen dürfen und ihn jederzeit besuchen können. Schön ist es, wenn man nur die Hände auszustrecken braucht, um im Vorbeigehen den Salatkopf mitzunehmen, nach dem es einen gelüstet, oder ein bißchen frischen Schnittlauch für eine Tasse Bouillon. Und plötzlich steckt man die sechs kleinen Erbsen in den Mund, da sich einem die zartgrüne Schote damit gerade so anbietet. Die übrigen, gekocht, gibt es zum Mittagessen.

- *Der Gesundheitsgarten darf auf keinen Fall größer als 300 Quadratmeter* sein. Dann genügt eine halbe Stunde Gartenarbeit am Vormittag und eine weitere halbe Stunde am Abend – eine Stunde täglich, wann immer man gerade Lust dazu hat. Schon darin liegt ja Gesundheit, daß man umgräbt, hackt, jätet, zusammenharkt, gießt – lauter Arbeiten, die zu der ein-

tönigen Fron des Arbeitslebens, etwa im Büro, ein Gegengewicht bilden. Und dann holt man von Zeit zu Zeit tief Luft und legt eine kleine Pause ein, um zu spüren, daß man nahe der guten Erde lebt.
Mehr als dreihundert Quadratmeter oder ein Garten, der weit weg liegt, brächten uns nur Sorgen und übermäßige Anstrengungen. Oder der Garten bekäme nicht die rechte Pflege. Vielleicht müßte man auch eine Arbeitskraft teuer bezahlen. Und was hätte das für einen Sinn – wie sollte man einen Garten lieben, den man nicht selbst bewirtschaftet? Ich weiß, wovon ich rede...

• *Gemüse, Obst und Blumen* – all das sollten wir möglichst haben. Doch ein richtiger Obst- oder gar Weingarten zusätzlich zu den 300 Quadratmetern ist keine Kleinigkeit, denn auch Obst und Wein gedeihen nicht von selbst, wie man bei Behörden oft glaubt. Obstbäume nehmen aber im Gemüsegarten eine Menge Platz, gute Erde und Licht in Anspruch. Der Kirschbaum ist übrigens einer der gierigsten. Wir müssen wissen, was wir wollen, und auf den Kirschbaum verzichten oder ihn in die hinterste Ecke verbannen. Immerhin gibt es auch die modern kurzstämmigen und eher knapp geschnittenen Obstbäume oder die Spalierformen.
Wenn wir allerdings zwischen Obstbäumen und Gemüse wählen müssen, sollten wir den Vorzug den Gemüsen geben, die nach der Ernte viel schneller als das Obst ihre für die menschliche Gesundheit wertvollsten Eigenschaften verlieren. Das gilt besonders für die Blattgemüse, die zahlreiche Mineralsalze und Vitamine enthalten. Und gerade bei solchen Gemüsen versuchen die Händler oft am ungeniertesten, uns hereinzulegen. Wir werden darüber noch zu sprechen haben.
Ich erinnere mich an die alte Weisheit, daß man den Salat ernten müsse, ehe die Sonne ihren höchsten Stand erreiche, daß man ihn sogleich zubereiten und essen müsse, damit er leicht und bekömmlich die Mahlzeit eröffne. So war er nie,

wenn ich in Zeiten ohne eigenen Garten Salat aß – wenn er selbst vom korrektesten aller Gemüsehändler stammte. Dasselbe gilt für die Erbsen, die nicht am frühen Morgen gepflückt worden waren! Das ist nicht Einbildung, sondern Tatsache.

• Wenn Sie sich Ihren Garten aussuchen können, achten Sie darauf, daß Ihre 300 Quadratmeter eine gewisse Tiefe haben, nämlich genug bräunlichen *Humus*. Zögern Sie nicht, vor Ihrem endgültigen Entschluß einen Spaten zu verlangen und diesen an verschiedenen Stellen des Gartens in die Erde zu stoßen. Und dann prüfen Sie das Hervorgegrabene mit Nase, Augen und Fingern.
Wählen Sie nicht während der Wintermonate: der Gesundheitsgrad der Gemüsepflanzen, die in dem betreffenden Garten zu anderen Jahreszeiten gedeihen, gibt Ihnen besser Aufschluß als jede Expertise. Das gleiche gilt für das sogenannte Unkraut: guten Boden lieben z. B. auch Unkräuter wie Ackergauchheil, Erdrauch, Stern- und Vogelmiere, Brennnesseln, Vogelknöterich, verwilderte Gartenmelde und Bingelkraut. Andererseits zeigt der Schachtelhalm (den wir als Heilkraut noch kennenlernen werden) einen in der Tiefe zu nassen Garten an (bei dem beispielsweise eine Tonschicht das Versickern des Wassers verhindert) oder einen kalkarmen oder sogar einen in jeder Hinsicht hervorragenden Boden, der lediglich überdüngt ist! Das ist bei den Amateurgärtnern von heute häufig der Fall: man ist voller Angst, man selbst und der Garten bekomme nicht genug Nahrung. Durch Überdüngung sind diese Böden sauer und toxisch geworden; auf ihnen gedeiht nichts mehr! Ich habe es bei einer alten Freundin erlebt, die mir ihr Leid wegen ihres Gartens klagte: «Ich bin wirklich wütend! Dem Garten fehlt nichts; ich versorge ihn überreichlich mit Dünger und Wasser. Aber je mehr ich ihm gebe, desto weniger gibt er mir! Und wie werde ich jemals all den vielen Schachtelhalm los, der immer tie-

fer Wurzeln macht – je mehr so verflixte Katzenschwänze ich ausreiße, desto mehr verbreiten sie sich! Ein Vermögen würde ich dem geben, der mir...»

Ich nahm sie beim Wort. Ich brauchte nichts weiter zu tun, als im Herbst etwas Kalk zu streuen und während der nächsten zwei, drei Jahre die Düngung einzustellen. Nach dem ersten Jahr verschwand der Schachtelhalm, und das Gemüse gedieh in diesem Garten bald wieder prächtig, und zwar sozusagen gratis, ohne Dünger, in dem Boden, der vorher nur zu sehr verwöhnt worden war.

Umgekehrt gibt es unter den Unkräutern welche, die steppenartige Trockenheit und verarmten Boden anzeigen, wie beispielsweise das Heidekraut. Andere Unkräuter weisen auf ein Übermaß oder den völligen Mangel an bestimmten Mineralien hin, die wir dann dem Boden zuführen müssen, was meist sehr einfach ist.

• Wesentlich ernster, besonders in trockenen Gegenden, ist die Frage: Wie bewässern wir den Garten? *Woher kommt das Wasser?*

Leitungswasser? Kostspielig. Es wird außerdem bei uns in Frankreich gelegentlich vom Wasserwerk abgeschaltet.

Eine ständig fließende, eigene Quelle?... Das wäre zu schön. Oder Wasser aus einem noch nicht verseuchten Bach? Auch dies wäre zu schön.

Einen eigenen Brunnen anlegen? Reicht aber das Grundwasser dafür? Haben wir das Recht, es anzuzapfen?

Wasser aus einer Zisterne? In meinem Garten in Ardèche, wo zwar viel Trockenheit herrscht, aber häufig Gewitter auftreten, bin ich damit sehr gut gefahren. Das durch die Blitze mit Stickstoffverbindungen angereicherte Regenwasser ist für grünes Gemüse ausgezeichnet.

Was die Wassermenge angeht: Vergessen Sie nicht, daß häufiges Hacken die Hälfte des Wassers spart. Verteilen Sie Stroh, Torfmull oder abgeschnittenes Gras zwischen den Gemüsereihen. Gießen Sie (besonders im kleinen Garten) jede Pflanze individuell mit der Gießkanne, statt den Wasserschlauch oder Sprüher zu verwenden. Und vergessen Sie schließlich nicht, daß zuviel Wasser den Boden sauer und unfruchtbar macht und manchen Pflanzen schlechte Gewohnheiten beibringt; sie brauchen gar nicht so viel und gedeihen oft viel besser auf dem Feld, wo man sich nicht so intensiv ihrer annimmt.

• Und die *Luft?* Und das *Licht?* Hat der Garten, den wir uns aussuchen wollen, genug Luft und Licht?
Ich erinnere mich an die Zeit des Ersten Weltkrieges... Wir wohnten in einem Vorort westlich von Lille. Der Ort hieß Canteleu (wörtlich: wo die Wölfe sangen). Eine lange Straße mit lauter gleich aussehenden Häusern... Konnte man das kleine Fleckchen Erde, das neben dem Hause lag, überhaupt als «Garten» bezeichnen? Es war kaum dreimal so groß wie mein Zimmer und außerdem von so hohen Mauern umgeben, daß die Sonne höchstens im Sommer zwischen zwölf und vier Uhr hineinscheinen konnte... Der Salat schoß dort sofort ins Kraut. Kartoffeln, Erbsen und Bohnen brachten nur Blätter hervor und Blüten, die sofort abfielen. Aber Unkraut gedieh hier überall! Dort habe ich meine ersten Kenntnisse über Unkräuter gewonnen. Einige waren sogar eßbar, und wir waren hungrig. Roh aßen wir junge Löwenzahnblätter und Hirtentäschel- und Löffelkraut, bevor sie Blüten ansetzten. Oder gekochte Brennesseln, Sauerampfer, die Gänsefuß-Art «Guter Heinrich» und sogar auch die Melde, ein seit alters bekanntes Heilkraut, das früher viel bei Frauenleiden verabreicht wurde. Wir verwendeten die Salatblätter, auch wenn er aufgeschossen war, denn meine Mutter wußte, daß aufgeschossener Salat unsere Nerven zu beruhigen, die Schlaflosigkeit, die Angst und den Hunger zu lindern vermochte.
Dieser Gefängnisgarten hat mir deutlich vor Augen geführt, wie wichtig Luft und Licht für den Garten sind. Daß die lebende Pflanze mit allen Mitteln und durch die engsten Spal-

ten zur Sonne und nach ihrem geringsten Widerschein emporklettert. Und dieses kleinen Gartens wegen haben wir dann auch alle anderen Gärten geliebt. Sogar den in der fruchtbaren Ebene der Provinz Poitou, der im Gegensatz zum ersten zu groß war – tausendfünfhundert Quadratmeter plus Obst- und Weingarten – und mit zuviel Hühnern, Kaninchen und Enten, als daß man sie noch hätte gernhaben können, ferner zwei Schweinen. Die Gartenarbeit mit meinem Vater, der noch vielerlei anderes zu tun hatte, hätte uns fast umgebracht! Und das sollte ein Gesundheitsgarten sein! Aber wie schön war er! Sogar die Mauern – Trockenmauern, mit Flechten übergoldet und mit versteinerten Fossilien. Sie waren gerade so hoch, daß wir Kinder noch darüberschauen konnten, um die weite Hochebene des Poitou zu betrachten. O ja – an Licht und Luft fehlte es in diesem Garten nicht!
Ein wirklicher Gesundheitsgarten hat immer auch seine «Umwelt»: die Möglichkeit zu Spaziergängen und Erkundungsausflügen in Feld und Wald, die Möglichkeit zum Sammeln von Blumen, wildwachsenden Beeren, Pilzen, Heilkräutern. Und die Vögel. Und die Hunde und Katzen. Und die guten Nachbarn, die aushelfen, wenn Not am Mann ist. Und die Stadt ist nicht weit, wie Poitiers in unserem Falle.

• Ich brauche kaum noch auf *die Notwendigkeit der richtigen Bodendüngung* hinzuweisen, damit im Garten gesundes Gemüse und Obst wächst: hauptsächlich organischen und nur sehr wenig chemischen Dünger braucht er. Man weiß heute besser denn je, in wie hohem Maße der Geschmack von Gemüse und Obst vom guten Humus profitiert, auf dem es wächst.
Versuchen Sie, sich Mist vom Bauernhof zu beschaffen. Schweine- und Kuhmist sind die «kältesten» und langsam in der Wirkung; Pferdemist ist der «wärmste», aber seine Wirkung läßt bald nach; Schafmist ist der kräftigste und wirkt außerdem besonders lange nach.

Einer der Gründe dafür, Hühner und Kaninchen im Gesundheitsgarten in eigenen Gehegen zu halten, ist die lebenspendende Kraft des Düngers, den sie erzeugen; der Hühnermist ist reich an Phosphor, Stickstoffverbindungen und Kalzium; Kaninchenmist hat auch seine Qualitäten, da er aber voller Unkrautsamen ist, eignet er sich nur zur Düngung von Beeten, auf denen das Jäten nicht allzu schwierig ist – dort, wo man zwischen den Reihen den Boden hacken kann.
Etwas, wofür ich mich immer besonders interessiert habe, ist der *Kompost:* graben Sie in einer Ecke des Gartens ein Loch, stampfen Sie den Boden fest und verkleiden Sie die Wände des Loches mit Lehm. Dort deponieren Sie alle Abfälle aus Haus und Garten, die das Leben übrigläßt, das trockene Laub ebenso wie den Schlamm aus den Gruben... nach und nach kommt es in diesem Haufen zur Gärung, ja er dampft sogar ein wenig. Beim Herannahen des Frühlings stechen Sie den Haufen mehrmals um, damit ihm Sauerstoff zugeführt wird, und schließlich wird er fast schwarz.
An der Meeresküste gewinnt man übrigens sehr guten Kompost aus Tang.
Ein weiterer Vorteil der eigenen Hühner und Kaninchen ist übrigens ihr an wertvollen Proteinen so reiches Fleisch. Und sie sind nicht mit Antibiotika oder Hormonen aufgezogen und nicht voller Giftstoffe aus Unkraut- und Schädlingsvertilgungsmitteln... Und schließlich zählt auch noch das Vergnügen etwas, das bei den Kaninchen besonders beliebte Grünzeug kennenzulernen und in der Umgebung zu suchen. Doch eines Tages muß man dann diese nur allzu netten Tiere umbringen lassen. Auch das muß man lernen.
Ja, aus dem Gesundheitsgarten sind alle Unkraut- und Insektenvertilgungsmittel zu verbannen. Denn sie dringen schließlich doch auf die eine oder andere Art in den Humus ein und werden daraus vom Gemüse und den Obstbäumen absorbiert. Und, was noch schlimmer ist, sie werden in den Zellen konzentriert! Diese können sie nämlich nicht eliminieren,

und so kommen immer mehr Gifte aus dem Boden in die Pflanzen.
Dem Unkraut gehen wir mit der Jäthacke zu Leibe und achten darauf, daß wir dabei die ganze Wurzel erwischen; notfalls helfen wir bei den hartnäckigsten Pflanzen mit der Hand nach.
Wir verwenden immer weniger Insektenvertilgungsmittel, bis wir schließlich, von Notfällen abgesehen, auf ihre Anwendung ganz verzichten. Eines Tages werden Sie mit Freude unzählige Marienkäfer in Ihrem Garten sehen – und die Blattläuse verschwinden. Sie wissen sicher, daß das Marienkäferchen die Blattläuse zu Tausenden frißt?
Und dann werden Sie auch die Singvögel wiedersehen. Und Sie brauchen keine Angst mehr davor zu haben, sich einen Taubenschlag einzurichten.

Das Schwitzen während der Gartenarbeit, das weiß auch ich aus Erfahrung, macht nicht im eigentlichen Sinne müde. Es entgiftet uns sogar.
Wir brauchen im Garten ein kleines, fließendes Wasser, und sei es nur eine Regenrinne aus Zink, die die Gemüsepflanzen am anderen Ende bewässert oder Bottiche mit Regenwasser füllt, aus denen wir es mit der Gießkanne schöpfen.
Und die Blumen brauchen wir für das Auge. Und Duftspender: ein paar Büsche Rosmarin, Lavendel, Thymian, schon um des Vergnügens willen, ihre Blättchen in der Hand zu zerreiben oder sie langsam zu zerkauen und den feinen Geschmack zu genießen, der sich lange im Mund hält und auch denjenigen erfreut, dem man einen Kuß gibt.
Eine eigene Katze brauchen wir – und sei es nur, um sie so geruhsam zwischen den Gemüsepflanzen sitzen zu sehen. Und einen Hund, der frei herumläuft und niemals angekettet wird. Und Kinder, und eine Frau, die wir lieben...

Gesundheit im Gemüse

- Alle Gemüse sollten wir stets in der Kühle *ernten* und niemals, während die Sonne auf sie niederbrennt. Das gilt vor allem für Blattgemüse, die dann auch nicht mehr allzulange herumliegen sollten. Sobald man sie abschneidet, trennt man sie ja von den nährenden Bodensäften, und dann entsteht, je länger wir abgeschnittenes Blattgemüse liegen lassen, ein immer größerer Verlust an Vitamin C, das am wenigsten beständig ist, und auch an einigen Vitaminen der B-Gruppe, wobei B_1 und B_2 noch am ehesten erhalten bleiben.

Tadellose Wurzeln und Knollen halten sich, weil sie Vorratsorgane der Pflanzen sind, besser; aber schon die geringste Verletzung löst auch bei ihnen eine schädliche Oxydierung aus. Die Vitamine sind am häufigsten in den Organen aktiven, intensiven Lebens, in Blättern, Knospen, Keimen, Samen. So konzentrieren sich z. B. bei den Roten Rüben (Randen, Rote Bete), bei Rettich und Karotte im Gegensatz zur oft vertretenen Meinung die Vitamine vor allem in dem Teil, den man etwas verächtlich mit *Kraut* bezeichnet. Wenn es nicht verwelkt ist, kann dieses Kraut in Mangelzeiten ein wertvolles Nahrungsmittel sein.

Bei den Blattgemüsen enthalten die weißen oder hellgelben Teile fünf- oder sechsmal weniger Vitamine als die grünen. Also sollten wir bei Lauch, Kopfsalat, Lattich und Mangold weniger Wert legen auf das, was «man» für das Beste hält; viel zu viele Leute haben den Komplex «weiß gleich zart».

• Wenn man das frischgeerntete Gemüse einige Zeit *aufbewahren* muß, dann sollte dies an einem kühlen, dunklen Ort geschehen, damit es weder fault noch welkt. In der Gemüseschublade des Kühlschranks läßt sich der Vitaminverlust gering halten. Nicht vergessen dürfen wir dabei, daß stark riechende Gemüse, wie etwa Lauch, ihren Geruch auf andere Gemüse, auf Früchte, Butter, Milch usw. übertragen; auf jeden Fall sollten wir daher für Gemüse mit kräftigem Eigengeschmack Plastikbeutel ohne Löcher verwenden. Auch ein Lagern im kühlen Keller ist gut, falls er weder zu feucht noch zu trocken ist.

• Wenn wir aber *keinen Garten* haben, wie verschaffen wir uns das beste Gesundheitsgemüse?
Vielleicht von *Freunden,* an die wir die Erfahrungen weitergeben, die wir einst mit dem eigenen Garten gemacht haben; sie sind uns dankbar dafür. Aber wir müßten dann eigentlich immer eiligst heimkehren und das bei ihnen geerntete Gemüse so bald wie möglich knabbern oder kochen.
Da sind auch die *Gemüsegärtner,* die man schnell zu Freunden gewinnt, weil sie die Kunden schätzen, die direkt bei ihnen kaufen und etwas von Gemüsen verstehen. Die meisten verwenden Kunstdünger nur mit Maß, wissen aber dafür die Vorzüge des Humus hoch zu schätzen, der ihnen viel Gießarbeit sparen hilft und dem Gemüse für den Verkauf mehr «Haltung» verleiht. Wenn man sie lange genug kennt, sind sie sogar damit einverstanden, daß man ihnen zu ihren «Kulturen» folgt und daß sie das Gewünschte vor unseren Augen (oder wir vor ihren Augen) schneiden.
Finden wir keinen solchen Gemüsegärtner, bleibt der Gang auf den *Markt,* wo wir gute Chancen haben, Gartenfrüchte zu entdecken, die am Vorabend oder sogar am selben Morgen geerntet worden sind. Auch hier kann man persönliche Beziehungen entwickeln, die sich mit der Freundschaft zum Gemüsegärtner vergleichen lassen.

Aber Gemüsemärkte finden kaum jeden Tag statt. Deshalb lohnt sich der Versuch, den einen oder anderen *Kleingärtner oder Bauern* in den Vororten kennenzulernen, die gern ihren Überschuß verkaufen und uns an den marktfreien Wochentagen vielleicht sogar frisches Gemüse ins Haus bringen. Sie haben meist auch nichts dagegen, daß man selbst bei ihnen seine Wahl trifft. Gewiß, ihr Gemüse sieht nicht immer besonders ansprechend aus, ist auch nicht immer perfekt zurechtgemacht; aber dafür entschädigt uns die Frische, der natürliche Geschmack und die Erhaltung der für die Gesundheit so unschätzbaren Wirkstoffe.

Nur in der letzten Verzweiflung gehen wir ins *kleine Lebensmittelgeschäft;* denn dort ist das Gemüse nur allzuoft zwei oder gar drei Tage alt, manchmal sogar noch älter – schon am Verderben. Jeden Morgen holt man die Ware aus dem Kühlraum, falls einer vorhanden ist, entfernt gegebenenfalls die verwelkten Blätter. Ein trauriger Anblick, dieses Gemüse, das eigentlich schon hinüber ist. Dies gilt auch für die Gemüseabteilungen vieler *Supermärkte.* Möglich, daß ihre Waren vom Vortag oder sogar vom selben Morgen stammen. Aber sie verkaufen beispielsweise auch Karotten, die äußerlich wunderschön aussehen – in durchsichtigen Plastikbeuteln verpackt, aber darin förmlich erstickt und manchmal geradezu schädlich geworden.

• Alles *roh gegessene Gemüse* muß in sauberem Wasser sehr gut gewaschen und manchmal auch gebürstet werden. Man kann sich kaum vorstellen, mit was für Abwässern manche Betriebe das Gemüse übergießen! Viele Produzenten bewässern das Gemüse mit Regneranlagen, und dabei kommt es, ebenso wie nach Regenfällen, sogar bei den sorgfältigsten Gärtnern zu Erdspritzern – vor allem auf den Gemüsesorten, die dicht über der Erde wachsen. Mit den Erdspritzern kommen oft Darmparasiten, Bakterien und sogar höchst gefährliche Viren an die Pflanzen.

Und dann muß noch das Wasser, mit dem das Gemüse gewaschen wird, frei von Verunreinigungen sein! Im Zweifelsfalle verwenden wir abgekochtes Wasser (gechlortes Wasser wirkt auf grüne Gemüse stark oxydierend). Es muß rasch gehen, denn die wasserlöslichen Vitamine B und C lösen sich schnell im Spülwasser auf, ebenso die Mineralsalze. Tun Sie es nicht den Leuten gleich, die Salat oder Gemüse lange Zeit ins Wasser legen, weil sie in dem Irrglauben leben, der Pflanze dadurch ihre jugendliche Frische zurückzugeben.

Knollen und Wurzeln kratzen wir möglichst mit einem rostfreien Messer oder einem anderen nicht oxydierenden Instrument sauber, statt sie zu schälen, denn die für die Gesundheit wichtigen Bestandteile nehmen hier an Qualität von innen nach außen zu und erreichen dicht unter der Haut ihre höchste Konzentration. Es gibt besonders harte Bürsten, mit denen eine solche Reinigung tadellos gelingt.

Rohes Gemüse bringt uns seinen ganzen Reichtum an Mineralsalzen, Spurenelementen und Vitaminen, auch wenn es kleingehackt oder geraffelt wird. Das gilt auf jeden Fall, ob wir es nun als Salat oder Horsd'œuvre, gewürzt oder ungewürzt essen. Wir sollten beim Zubereiten der Rohgemüse ausgiebig von an ungesättigten Fettsäuren reichen Ölen Gebrauch machen, z. B. Nuß-, Sonnenblumen- oder Olivenöl. Aber nur unter der Voraussetzung, daß diese Öle wirklich rein und kalt gepreßt sind. Nur so enthalten sie auch noch Karotin (Provitamin A). Und wir verwenden Wein- oder Obstessig, der wichtige Enzyme und Spurenelemente mitbringt, oder Zitronensaft (Vitamin C). Die Salatsauce rühren wir zuerst für sich in der Salatschüssel an, um zerkleinertes Wurzel- oder Knollengemüse sofort mit ihr mischen und so vor dem Oxydieren schützen zu können.

Aus rohen Gemüsen mit Presse oder Mixer gewonnene Säfte sind eine gute Lösung für alle, deren Darm die Zellulose der Gemüse nicht verträgt. Die Reformgeschäfte verkaufen Gemüsesäfte, die garantiert rein sind. Die Hausfrau verfügt nicht über die technischen und hygienischen Möglichkeiten der Spezialfabriken, die solch hochwertige Säfte herstellen und meist die Gemüse aus Betrieben beziehen, die ihre Kulturen mit biologisch einwandfreien Methoden behandeln.

• *Gekochte Gemüse:* Einfache Erhitzung, ohne Wasser, *im Grill oder Backofen,* wobei den Wurzeln und Knollen ihre schützende Haut erhalten bleibt, die den Kontakt mit der Luft verringert, bringt nur wenig Verlust an Mineralsalzen und Vitamin C. Und welch ein hübscher Anblick! Was für ein Geschmack! Kartoffeln, Rote Rüben (Randen), Chicorée, Tomaten, Auberginen, Zucchini (Zucchetti) und manch andere Gartenfrüchte gewinnen sehr durch diese Art der Zubereitung.

Das *Garen im Dampf,* in Spezialdrucktöpfen oder in normalen Töpfen mit sehr wenig Wasser, schützt Spurenelemente, Vitamine und Geschmack ausreichend. Bitte, nur gerade so viel Wasser, daß sein Dampf das Zellgewebe durchdringen kann, das Wasser leicht gesalzen. Erst wenn es kocht, legt man die Gemüse hinein: so zerfallen sie nicht und verlieren die Mineralsalze nicht. Legt man sie dagegen *in viel kaltes Wasser,* das man zum Kochen bringt, löst sich ein großer Teil der für die Gesundheit wichtigen Bestandteile im Wasser. Das ist nur gut, wenn man mehr Wert auf eine reichhaltige Brühe als auf gutes Fleisch und Gemüse legt. Laborversuche ergaben: Kocht man Kartoffeln und legt sie dazu schon ins kalte Wasser, so verlieren sie ungeschält etwa 50% an Vitamin C, geschält gar 65%; legt man sie ungeschält in bereits kochendes Wasser, verlieren sie nur 40% – wenn sie nicht platzen, was mehr Verluste bringt und häßlich aussieht. Im Dampf büßen sie nur 10 bis 15% an Vitaminen ein und behalten außerdem ihr schönes Aussehen.

Auf jeden Fall ist das Kochwasser von Gemüsen meist mit Mineralsalzen und Vitaminen angereichert und für Suppen gut verwendbar.

Entgegen der häufig geäußerten Auffassung ist es nicht so sehr der hohe Hitzegrad, der das Vitamin C und einige Vitamine der B-Gruppe zerstört, sondern die Dauer des Erhitzens. Deshalb sollten wir fertig gekochtes Gemüse nie im Backofen oder auf einer Ecke des Herdes weiter warmhalten.
Die *Zerkleinerung* des Gemüses beschleunigt Oxydation und Auslaugen. Bei der Zubereitung im Dampf wird durch diese Zerkleinerung aber auch die Kochzeit noch mehr verkürzt, und so ist der Endeffekt für die Gesundheit positiv. Karotin (Provitamin A) und Vitamin K, die fettlöslich sind, bleiben ebenfalls erhalten: sie können sich ja im Wasser nicht auflösen.
Die Zubereitung im Schnellkochtopf ist also durchaus zu empfehlen, vorausgesetzt, daß die Speisen entweder schnell wieder abgekühlt oder sofort gegessen werden. In der Kochkiste, die Brennstoffe spart und dehalb früher recht häufig benützt wurde, aber die Kochzeit verlängert, werden fast alle Vitamine zerstört. Sie empfiehlt sich demnach nur zur Zubereitung von Trockengemüsen (weiße Bohnen, gelbe Erbsen z. B.), die natürlich kein Vitamin C enthalten, denn ihre Vitamine E und einige der B-Gruppe bleiben erhalten.
Gewisse Gemüse werden recht oft in viel Wasser gekocht – angeblich wegen ihres starken Geruchs: Kohl, Blumenkohl, Rosenkohl etwa. Meiner Meinung nach schmecken sie aber am besten, wenn man sie im Dampf mit sehr wenig Wasser zubereitet, wobei zudem ihr Gesundheitswert am höchsten bleibt. Ihr Geruch ist nur in Küche und Wohnung unangenehm – für den Gaumen spielt er keine Rolle.
Ein sicheres Mittel, die aus dem Gesundheitsgarten stammenden wasserlöslichen Vitamine zu zerstören, ist die Beigabe von Natron; es wird von manchen Köchen angewendet, damit das Gemüse «schön grün» aussieht. Wieder ein Beispiel dafür, weshalb wir uns auf den äußeren Schein auch bei Nahrungsmitteln nicht einfach verlassen sollten.
Die Zubereitung von Gemüsen *in Fett oder Öl,* sogar in der

Fritüre bei 200 Grad, vernichtet trotz der hohen Temperatur weniger Vitamin C und B, als man gemeinhin glaubt. Diese Vitamine sind wasserlöslich; außerdem bildet das Fett gegen die Oxydation eine Schutzschicht, deren Bildung man noch durch ein wenig Mehl unterstützen kann. Hingegen leidet das Provitamin A.

Gehärtete Fette (beispielsweise Kokosfett) rauchen zu schnell, schon bevor die für die Fritüre erforderliche Temperatur erreicht ist. Dadurch entsteht Akrolein, ein für die Leber stark giftiger Stoff. In dieser Hinsicht bewähren sich bestimmte Öle viel besser, zum Beispiel Erdnußöl.

Und *braune Butter?* O weh! Bei ihr entsteht Akrolein noch viel rascher, und sie verliert außerdem all ihre Vitamine, besonders das Vitamin A, an dem sie so reich ist! Man sollte Butter frisch oder leicht zerlassen verwenden.

Wichtig: Gemüse, auch richtig zubereitetes und im Kühlschrank aufbewahrtes, verliert nach ein bis zwei Tagen alle Vitamine, die es noch enthielt. Die Erhitzung hat bereits das Zellgewicht verschoben, und die Oxydation vollzieht sich mit besonderer Schnelligkeit.

Artischocken

Die Artischocke ist eine Distelart. Sie verlangt vor allem einen tief umgegrabenen, gut gedüngten Boden und einen sonnigen, vor kalten Winden geschützten Standort. Sie ergibt schon im ersten Jahr eine Ernte, aber nach drei Jahren sinkt der Ertrag bereits stark.

Die Artischocken halten sich nach dem Schneiden recht gut, sogar im Laden. Alte Artischocken, die innen holzig sind und schon ganz hartes «Heu» haben, kaufen wir natürlich nicht. Wir erlauben uns daher, die kleinen Blätter über dem Herzen der Artischocke etwas auseinanderzubiegen und versuchen sogar, ein Blatt vom Boden abzuziehen. Hinterläßt es am Stengel harte Fasern, ist die Artischocke zu alt. Braune Flek-

ken an Blättern und Stengel sind ein Zeichen, das uns ebenfalls von vornherein vom Kauf abhält.
Ein sehr langer Stiel stört uns nicht, denn falls wir die Artischocken noch ein paar Tage aufbewahren müssen, stellen wir sie wie einen Blumenstrauß in ein Gefäß mit Wasser; jeden Abend oder Morgen verkürzen wir die Stengel ein wenig und wechseln das Wasser.
Die Artischocke enthält Provitamin A, Vitamin C und B-Vitamine, viel Mineralsalze, vor allem Mangan und Phosphor mit ihrer günstigen Wirkung auf geistige Arbeit und Blut.
Wir essen Artischocken sehr gern roh, vor allem die kleinen aus der Provence oder Bretagne. Auf keinen Fall darf man sie in Aluminium und auch nie mit einer Menge Wasser kochen; sie sollen höchstens bis zur Hälfte im Wasser sein, den Email- oder Chromstahl-Kochtopf schließen wir gut. Das Wasser leicht salzen; in salzigem Wasser wird Gemüse weniger ausgelaugt.
Artischocken enthalten, besonders in ihrem Boden, viel *Inulin,* eine Stärke, die der Organismus mühelos in *Lävulose,* also unmittelbar assimilierbaren Fruchtzucker, umwandelt. Inulin ist gut für Diabetiker, Sportler und alle, die schnell zu Höchstleistungen gelangen müssen. Inulin findet sich auch in den Schwarzwurzeln, in den Knollen des Topinamburs (Erdbirne) und der Wurzel des Echten Alants *(Inula helenium),* der dem Inulin den Namen gegeben hat.
Wie alle Distelgewächse ist die Artischocke appetitanregend und ein Tonikum; sie fördert die Harnabsonderung kräftig, worauf bereits Plinius d. Ä. hingewiesen hat. Unter Ludwig XIII. galt die Artischocke als Anregungsmittel im «amourösen Wettstreit mit Venus». Sie soll auch die Milch der Ammen zum Versiegen bringen.
Sie ist übrigens vor allem und mit Recht als Heilmittel bei Leberstörungen bekannt. Sie regt nicht nur die Sekretion der Galle an, sondern ist auch eine der wenigen Pflanzen, die auf

Leberzellen selbst einwirken und gegen ein Übermaß an Cholesterin und Harnsäure im Blut helfen.
Allerdings muß ich betonen, daß sich diese Wirkstoffe fast ausschließlich in den sehr bitteren Blättern der Pflanze finden und weniger in den eßbaren Kelchblättern der Blütenknospe. Daher mag es sich wohl lohnen, eine oder zwei Artischockenstauden im Gesundheitsgarten zu haben; denn nur dann sind uns die jungen, frischen Blätter sicher, die wir brauchen für:
Absud: aus 15 g frischen Artischockenblättern je Liter Wasser (dreimal täglich eine Tasse vor dem Essen), oder
Tinktur: 100 g kleingeschnittene frische Blätter in 2 dl 80-prozentigem Alkohol 14 Tage ziehen lassen, abfiltern (8 bis 30 Tropfen dreimal täglich in irgendeiner Flüssigkeit).
Im Herbst öffnen sich die großen Blüten der Artischocke in einem herrlichen Mitternachtsblau. Sie lassen sich gut trocknen und liefern wunderschöne Dauerblumen für den Zimmerschmuck.

Auberginen

Kultur: siehe Tomaten. Aber die Aubergine braucht noch mehr Sonne und ist anfällig gegen Mehltau.
Sie enthält Vitamin C und besonders Vitamin B_2, das als ausgleichender Faktor für den Zucker-, Fett- und Eiweiß-Stoffwechsel wirkt. Erhält die Haut gesund, wirkt harntreibend und als mildes Abführmittel. Zu empfehlen bei Diabetes und bei Magengeschwüren.
Zubereitung: Im Dampf mit sehr wenig Wasser (etwa 10 Minuten). Oder im Backofen, in Scheiben geschnitten, wie Zucchini. Oder wie diese gegrillt. Oder mit allerlei guten Sachen gefüllt.
Aus den halbgaren Blättern macht man Umschläge zur Behandlung von leichten Verbrennungen, entzündlichen Flechten und Hämorrhoiden.

Bohnen

Sie werden, da sie besonders kälteempfindlich sind, erst nach dem 15. Mai gesteckt. Stangenbohnen verlangen besonders guten Boden und reichliches Gießen. Die Buschbohnen sind wesentlich einfacher zu ziehen, außerdem sind sie ertragreicher. Wichtig zu wissen ist, daß die Hülsenfrüchte den Boden mit Stickstoff anreichern, besonders wenn man sie nach der Ernte stehen läßt und mit umgräbt; ihre Wurzeln sind mit fleischfarbenen Schwellungen bedeckt, die in Wirklichkeit Bakterienkulturen sind und Stickstoff erzeugen.

Die *grünen* Bohnen enthalten, solange ihre Samen noch nicht recht entwickelt sind, Karotin, alle Vitamine der B-Gruppe (besonders B_1, B_2 und Folsäure), Vitamin C, Eisen, Kalium, Schwefel und Magnesium, letzteres sogar in der unwahrscheinlichen Menge von 1,7 g auf 1 kg Frischgut, d. h. drei- bis viermal mehr als die Linsen! Bohnen wirken harntreibend, sollten aber bei Arthritis und Gicht wegen ihrer Oxalsäure mit Vorsicht angewendet werden.

Der getrocknete *Bohnenkern* hat zwar das Vitamin C verloren, Karotin und Vitamin B jedoch behalten. Er enthält sogar mehr Eisen als Spinat und Linsen! Und reichlich Kalium, Schwefel, Kupfer, Phosphor! Und das Verjüngungsvitamin E ebenso wie energiespendende pflanzliche Proteine, die aber nur dann im Körper recht zur Geltung kommen, wenn sie zusammen mit tierischen Proteinen (Fleisch, Fisch, Milch), genossen werden. Dies beweist, wie hervorragend sich die Zusammenstellung von Hammelfleisch und Bohnen oder Schweinefleisch mit weißen Bohnen für den Schwerarbeiter eignet. Geistesarbeiter oder nervöse Leute sollten mit den Bohnen lieber leichtere Fleischsorten zu sich nehmen.

Bohnenblätter sollen Blattläuse anziehen, was die Vernichtung dieser üblen Schädlinge erleichtern würde.

Erbsen

Diese Pflanzen kommen mit jedem Boden zurecht, wenn er nur nicht zu feucht ist. Sie lieben aber windgeschützte Standorte und gedeihen nicht gut im Häuserschatten. Der Boden muß gut durchlüftet und fein krumig sein. Wenn man den Erbsensamen zu tief legt, verfault er, denn die Erbse will sich schnell entwickeln. Aus demselben Grunde muß man frühzeitig mit dem Hacken beginnen und den Boden bis zur Ernte immer wieder lockern; gut anhäufeln, sobald die Pflanzen stärker geworden sind, auch bei den Arten, die nicht an Stangen gezogen werden.

Die *grünen Erbsen* sind reich an den üblichen Vitaminen, dazu an Kalium, Schwefel, Phosphor und Magnesium. Sehr reich an Zuckern und außerdem an Cholesterin, das, wie im Vogelei, assimilierbar ist. Sie enthalten außerdem Eisen, und zwar in einer für die Synthese des Hämoglobins besonders günstigen Form.

Erbsen sind leicht verdaulich, wenn sie nicht nach französischer Art lange gekocht, sondern, im letzten Augenblick ausgehülst, nur 10 bis höchstens 20 Minuten im offenen Topf mit sehr wenig Wasser gegart werden; etwas frische Butter und Gewürzkräuter kommen erst kurz vor dem Servieren dazu.

Die *reifen Erbsen* verlieren beim Trocknen ihr Vitamin C und verringern ihren Wassergehalt sowie ihre Zucker und das Cholesterin, aber sie behalten alle übrigen Stoffe, welche sogar durch den Wasserverlust erheblich an relativem Gewicht zunehmen. So enthalten Trockenerbsen zum Beispiel mehr Phosphor, Kalium, Magnesium und Eisen als grüne. Sie eignen sich denn auch besonders als Nahrung für Schwerarbeiter und Blutarme.

Auch die *Zuckererbsen* sind keineswegs zu verachten, sind sie doch besonders reich an Karotin und Folsäure.

Die in letzter Zeit auch bei uns bekannter gewordenen *Kicher-*

erbsen brauchen nicht gestützt zu werden; sie überstehen auch große Trockenheit recht gut. Man sät sie ab März an einem sonnigen Standort, besonders zwischen den Reihen der Rebstöcke; nachher brauchen sie keine besondere Pflege. Im Garten gezogen, erhalten sie sich auch in getrocknetem Zustand eine bemerkenswerte Zartheit, werden sehr schnell gar und sind mit den Kichererbsen, die man im Gemüseladen kauft, kaum zu vergleichen. Man kann auch sie als Püree zubereiten und mit gerösteten Würfelchen aus mit Knoblauch eingeriebenem Brot genießen.

Fenchel

Nicht der wilde, sondern der Gemüsefenchel mit seinen elegant geformten Knollen ist hier gemeint. Er ist ein wenig süß und verbreitet einen feinen Duft. Der Fenchel braucht fetten Boden und muß immer wieder angehäufelt werden.
Fenchel enthält viel Karotin, mit Vitamin B und C, Kalzium, Phosphor. Ein Tonikum und verdauungsförderndes Mittel; ausgezeichnet auch für Rheumatiker. Hilft bei Blähungen und erleichtert die Menstruation. Läßt die Muttermilch reichlicher fließen und macht sie für die Säuglinge bekömmlicher.

Gurken

Reich an Vitamin C und wenig nahrhaft wegen ihres hohen Wassergehaltes. Ihr Saft wirkt erstaunlich durststillend und beruhigend. Er wirkt gegen schädliche Gewebeflüssigkeit und löst vor allem Harnsäure. Als adstringierender Stoff nützt er Haut und Schleimhaut durch bloßes Auftragen.
Man kann Gurken im Dampf kochen: so werden sie zu einem Gesundheitsgemüse für Magenkranke, Verstopfte, Gallenleidende, Gefäßkranke und Diabetiker.
Gurkensaft wird in der Kosmetik häufig verwendet. Er führt der Haut Feuchtigkeit zu, macht sie geschmeidig und verleiht

ihr einen frischen Schimmer. Er schließt offene Poren. Er nährt selbst fettige Haut und mildert deren Fettsekretion. Beseitigt Sommersprossen.

Karotten

In feinem, humusreichem Boden ziehe ich mit dem Rechen ganz zarte Furchen, streue den Samen locker aus, ziehe den Rechen vorsichtig quer über die Furchen und klopfe die Oberfläche sorgsam fest. Dann gieße ich, streue ein wenig Gartenbeetstreu aus und drücke den Boden wieder an. Jeden Morgen (im Sommer auch abends) besprenge ich das Karottenbeet sorgfältig. Der Samen – eine wahre Geduldsprobe! – geht erst nach 8 bis 10 Tagen sichtbar auf. Dann muß man die kleinen Pflänzchen mitleidlos verdünnen, sonst bleiben die Wurzeln dünn wie ein Strich.

Die Karottenwurzel ist sehr reich an Karotin (Provitamin A) und Vitamin C. Dies gilt in noch höherem Maße für die Blätter – gut zu wissen für den Fall einer Nahrungsmittelknappheit! Sie enthalten außerdem Vitamine der Gruppe B, besonders B_1, Kalzium, Magnesium, Jod, Eisen. Deshalb ist die Karotte so wichtig bei Anämie und Wachstumsschäden. Und Kalium, das besonders hilft bei übermäßiger Entwässerung. Zucker, der sofort assimiliert wird: ein gutes Stärkungsmittel für Kinder und alte Menschen. Karottensaft hilft bei Darm- und Magenträgheit. Rohe geriebene Karotten regulieren die Darmfunktion bei Durchfall wie bei Verstopfung. Wie die Artischocke ist auch die Karotte ein ausgezeichnetes Mittel bei Leber- und Gallenstörungen.

Der Karottensaft wirkt außerdem harntreibend; er ist gut gegen Rheumatismus, Arthritis und Gicht. Er ist ferner ein gutes Blutreinigungsmittel: nicht umsonst sagt man jungen Mädchen, der Karottensaft mache eine schöne Haut. Er fördert die Sonnenbräune. Er ist ein gutes, schleimlösendes Mittel, das auch bei chronischer Bronchitis und Asthma hilft.

Lotionen aus diesem Saft erneuern die Haut und verleihen ihr, besonders im Gesicht, ein geschmeidiges und frisches Aussehen.
Geraspelte Karotten, mit Essig, Apfelmost oder Zitronensaft angemacht, sind ein ausgezeichnetes Horsd'œuvre, das auch Magenkranken gut bekommt. Die Karotte ist, genau wie Kohl, ein unentbehrlicher Bestandteil des Gesundheitsgartens.

Kartoffeln

Das «Brot der Armen». Sie enthalten Vitamin B (vor allem B_6) und Vitamin C in erheblicher Menge, Eisen sowie pflanzliche Proteine und Fette. Und sind unglaublich reich an Kalium, das unsere Muskeln begierig aufnehmen. Aber Kalzium fehlt völlig: daher die Notwendigkeit, Kartoffeln mit Milch oder Käse zu sich zu nehmen. Wenig Natrium. Der hohe Kalium- verbunden mit dem geringen Natriumgehalt macht die Kartoffel zum idealen Bestandteil salzarmer Kost; sie löst oder verringert Wasserrückstände. Man empfiehlt sie schließlich auch Diabetikern als Ersatz für Brot.
Langes Kochen verringert ihren Gehalt an Kalium und Vitamin C ganz erheblich; das beste ist die Zubereitung im Backofen oder als Pellkartoffel im Dampf.
Kartoffeln sind nahrhaft, ohne dick zu machen, und eignen sich gut in Diäten gegen Arthritis und Fettleibigkeit.
Roh geraspelte, mitgekochte Kartoffeln verleihen Suppen eine unvergleichliche Sämigkeit. Mit Salat vermischt, soll roher Kartoffelbrei bei Magengeschwüren sofort Erleichterung bringen. Bei Durchfällen von Säuglingen kann man roh geraspelte Kartoffeln mit Karottensaft, der ebenfalls besonders reich an Kalium ist, vermischen. Sie eignen sich außerdem zur äußerlichen Anwendung: Kartoffelkompressen helfen bei Schwellungen der Augenlider, aufgesprungener Haut, Flechten, Gelenkschmerzen und Hämorrhoiden.

Es gibt schließlich kein besseres Mittel zur Pflege der Hände, als sie mit in Milch hergestelltem Kartoffelpüree zu massieren.

Knoblauch

In Erinnerung an seine Heimat Sizilien liebt er warmes Klima und leichten, trockenen Boden, gedüngt mit verrottetem Mist. Im Oktober/November nimmt man in warmen Gegenden von schönen Knoblauchzwiebeln die kleinen Brutzwiebelchen (Zehen) ab – aber nur die äußeren! – und setzt sie in Reihen mit 10 cm Zwischenraum an einen sonnigen Standort. Bei Böden, die im Winter feucht bleiben, ist es besser, die kleinen Zwiebeln erst im März/April zu setzen.
Die Zwiebeln schwellen, wenn das Grün im Juli abstirbt. Man erntet sie, wenn das Kraut ausgetrocknet ist, an einem sonnigen Tag. Dann läßt man die Knoblauchzwiebeln ein bis zwei Tage im Freien liegen, damit sie gut austrocknen können, sonst halten sie sich nicht.
Wir hängen die Knoblauchzwiebeln in Zöpfen oder Kränzen an einem trockenen Ort an der Decke auf.
Wenn wir Knoblauch kaufen müssen, wollen wir dies bald nach der Erntezeit tun und uns mit Auge und Fingerdruck vergewissern, daß die Knoblauchzwiebeln weder hohl noch faul sind. Und nicht warten, bis der Knoblauch beim Gemüsehändler unerschwinglich geworden ist!
Reich ist Knoblauch an *Glukose* und Proteinen. Er hat viel mehr Kalorien als Lauch und Speisezwiebeln, ebensoviel wie die Schalotte. Vitamin C. Schwefel in Form von Allylsulfid, was ihm seinen starken Geruch gibt. Jod. Silizium.
Dank Jod und Silizium ist Knoblauch eines der besten Mittel gegen altersbedingte Kreislaufstörungen, Kalkablagerungen, Arteriosklerose, Alterserscheinungen. Blutdrucksenkend, gefäßerweiternd. Gut gegen hohen Blutdruck und Krampfadern, einschließlich innerer und äußerer Hämorrhoiden.

Gegen Wallungen, Schwindelanfälle, Migräne, Gliederschwere, Kurzatmigkeit. Wirkt blutreinigend. Regt die Herzmuskulatur an. Ein Tonikum für das Nervensystem. Hilft gegen Arthritis und Rheumatismus.

Mit seinem Schwefelgehalt stärkt der Knoblauch die Atmungsorgane, desinfiziert die Lungenbläschen und vermindert rasch eitrigen Auswurf. Ein kräftiges Spezifikum bei Bronchitis, Emphysemen, Asthma.

Alles in allem ist Knoblauch ein höchst wirksames Antiseptikum für den ganzen Körper, sogar für die Darmflora; er ist ein gutes Heilmittel gegen Kolitis.

Vorbeugungsmittel gegen Grippe und Keuchhusten: Bei Epidemien zerdrücke man zwei Zehen und koche sie eine Minute lang in einer Tasse Milch; möglichst heiß trinken. Ein bekanntes Wurmmittel für Kinder: 25 g Knoblauch auf ein Glas Wasser oder Milch; 20 Minuten kochen lassen.

Appetitanregend und verdauungsfördernd durch Anregung der Magensekretion und Magenmuskulatur. Nach altem Glauben erhöht Knoblauch die Anzahl der Spermien.

Eine Knoblauchzehe, jeden Morgen auf nüchternen Magen zerkaut, ist auch heute noch ein Geheimnis körperlicher Widerstandskraft und Gesundheit. Man beginnt mit einem ganz kleinen Stück einer Zehe – dann hat man ein langes Leben vor sich, um sich daran zu gewöhnen! Manche Leute versuchen den Atemgeruch dadurch zu beseitigen, daß sie Kaffeebohnen oder Blätter von Basilikum, Petersilie, Rosmarin oder ein Stück Kartoffel zerkauen, oder sie putzen sich die Zähne mit einer chlorophyllhaltigen Zahnpasta. Aber der Geruch stammt weniger aus dem Mund als von der Luft aus den Lungen. Denn das Allylsulfid ist bereits ins Blut übergegangen – ein Beweis für die hervorragende Wirksamkeit des Knoblauchs. Und der Geruch des Atems kann stundenlang anhalten!

Man kann auch Würfelchen von mit Knoblauch eingeriebenem Brot zum Salat geben oder die Knoblauchzehen aus dem

Schafsbraten in kleine Stückchen schneiden und jedes einzeln zu einem Happen Fleisch essen. Oder man macht am Vorabend einen Knoblauchbrei mit Olivenöl und ißt ihn morgens mit Petersilie auf einer Scheibe Brot. Oder man ißt *Aïoli,* eine Mayonnaise, die mit gehacktem Knoblauch angereichert worden ist – Aïoli eignet sich als Beilage zu vielerlei Gerichten.

Man kann ein bis drei Knoblauchzehen auspressen, den Brei die Nacht über in einem Glas Wasser stehen lassen und am nächsten Morgen auf nüchternen Magen trinken.

Oder man kann 1 Teil geraspelten Knoblauch mit 5 Teilen 80%igem Alkohol ansetzen und nach 10 Tagen absieben. Gegen rheumatische Beschwerden nimmt man 10 Tropfen der Flüssigkeit mit etwas Wasser vor den beiden Hauptmahlzeiten, zwanzig Tage im Monat. Bei hohem Blutdruck nimmt man 20 bis 30 Tropfen der gleichen Flüssigkeit vor den beiden Hauptmahlzeiten zwei Tage nacheinander und setzt dann jeweils zwei Tage aus. Gegen Verdauungsstörungen oder bei Asthma-Anfällen: 6 Tropfen auf ein Stück Zucker, das man langsam lutscht. Im Handel findet man auch geruchlose Knoblauchpräparate.

Knoblauchsuppe ist gut für alle oben erwähnten Fälle und besonders bei Bronchitis und Asthma im Winter: Mit wenig Wasser mindestens eine Knoblauchzehe pro Person weichkochen. Salz und Pfeffer dazu. Die Zehen vom Feuer nehmen und zu Püree verarbeiten. 1 Ei (Dotter und Eiweiß) pro Person mit etwas Wasser hineinschlagen und alles gut vermengen. Nach Geschmack lauwarmes Wasser hinzufügen und bis vor den Siedepunkt erhitzen. Mit gerösteten Brotwürfeln servieren. Bei Verdauungsbeschwerden gibt es nichts Besseres als diese Suppe (allerdings ohne Brot).

Äußerliche Anwendung: gegen Rheumaschmerzen lege man Kompressen aus geriebenem Knoblauch, eventuell gemischt mit Kampferöl, auf. Gegen Blutandrang im Kopf wird der gleiche Umschlag auf die Fußsohlen gelegt.

Bei Wespen- und Bienenstichen zieht man zunächst den Stachel heraus und reibt die Stelle dann mit einer frischen, längs aufgeschnittenen Knoblauchzehe ein: sofort tritt Linderung ein. Ebenso verfährt man bei Warzen und kleinen Hautblasen und wiederholt das Einreiben mehrmals täglich.
Gegen Hühneraugen und Hornhaut legt man den Knoblauch mit Klebeverband auf und erneuert ihn morgens und abends, bis sich die Haut ablöst.
Gegen Ohrenschmerzen und rheumatisch bedingte Schwerhörigkeit hilft ein mit Knoblauchsaft getränkter Tampon.
Bei Zahnschmerzen drückt man noch mancherorts auf dem Land mit frischer Butter vermischten geraspelten Knoblauch in den kranken Zahn.

Kohl

Eines steht fest: alle Kohlsorten verlangen ein feuchtes Klima. Gleich nach dem Keimen suchen die Pflänzchen Luft und freien Raum. Man darf den Kohl nur sehr dünn säen, sonst streben die Pflanzen vor lauter Lufthunger in die Höhe und schießen ins Kraut, ohne Köpfe zu bilden.
Entfernen Sie beim Verdünnen unerbittlich alle Kohlpflanzen, die mangelhaft, schwächlich oder krumm geraten sind. Kohl wartet oft nur darauf, daß er eine Ausrede findet, um wahre Büsche mit langen Blättern zu bilden. Und schließlich: er braucht einen tiefen, gut gedüngten und mit Stickstoff angereicherten Boden.
Alle Kohlsorten – Weißkohl, Blumenkohl, Rosenkohl, Rotkohl usw. – sind reich an Provitamin A und Vitaminen der Gruppe B, vor allem B_2 und Folsäure. Das Vitamin B_1 kommt hauptsächlich im Blumenkohl vor. Rosenkohl enthält bis zu 1 g Vitamin C je kg. Vitamin E kommt recht reichlich in den grünen Kohlsorten vor, sie enthalten davon fast so viel wie die Weizenkeime. Auch Vitamin K ist im Kohl.
Außerdem enthält er natürlich Schwefel, wie alle Kreuz-

blütler, und Kalium, Kalzium, Magnesium. Und das kostbare Spurenelement Arsen.
Wegen ihres Schwefelgehalts sind alle Kohlsorten (vor allem der Rotkohl) ein gutes Mittel gegen Erkrankungen der Atmungsorgane und Heiserkeit (Absud aus 5 bis 6 Blättern auf 1 Liter Wasser). Manche Sänger nehmen vor ihrem Auftritt ein Eidotter, in etwas lauwarmem, ungesalzenem Kohlwasser verquirlt.
Schwefel und Vitamin B_2 im Kohl helfen bei übermäßiger Talgdrüsensekretion, bei Schuppenbildung, aufgesprungenen Lippen und Milchschorf bei Kindern.
Kohl regt die Darmtätigkeit an. Sein Schwefel desinfiziert den Verdauungstrakt. Er ist für Diabetiker hervorragend bekömmlich.
Das Arsen im Kohl regt den Appetit an und verleiht körperlich schwachen, tuberkulösen und heranwachsenden Menschen Lebenskraft.
Kohlsuppe wirkt der Trunkenheit entgegen; die Römer pflegten sie vor Trinkgelagen zu sich zu nehmen, um länger bei klarem Verstand zu bleiben – eine Wirkung der Vitamine aus der B-Gruppe.
Die französischen Bauern, einst eifrige Kohlesser, waren berühmt für ihre Ausdauer bei körperlicher Arbeit, so etwa die Landbevölkerung der Auvergne und der Bretagne.
Die berühmte Kur zur Heilung der Bauchwassersucht nach Professor Léon Binet schreibt vor: 400 g Kohl pro Tag; 200 g roh zu Mittag, 200 g gekocht am Abend. Nach 10 Tagen kommt die Harnabsonderung wieder normal in Gang, die Wasseransammlung im Bauch nimmt ab und hört schließlich ganz auf. Die Besserung schreitet auch nach Beendigung der Kur fort.
Vor den Mahlzeiten als Appetitanregung: kleingehackter, roher Kohl, weiß oder rot, als Horsd'œuvre oder Salat angemacht, oder ausgepreßter Saft. In beiden Fällen bleiben alle Wirkstoffe erhalten. Saft fördert das Verheilen von Verlet-

zungen und hilft Kindern, die von Spul- oder Madenwürmern geplagt werden: ein Teelöffel dreimal täglich.
Bei äußerlicher Anwendung lindern und heilen mit dem Teigroller oder einer Flasche glattgerollte und im Ofen erwärmte Kohlblätter rheumatische Schmerzen durch Auflegen auf die betroffenen Stellen. Dieses Mittel hilft auch bei Neuralgien, Ischias, Gicht, Zerrungen, Bronchitis, Hautausschlägen...
Und dann das wunderbare Sauerkraut, das so reich an Mineralsalzen und wohltätigen Enzymen ist. Viele Menschen im Osten trinken mit Vorliebe rohen Sauerkrautsaft: er wirkt blutreinigend, entschlackend, gegen Kolibakterien und Magengeschwüre und hilft bei Verstopfung.
Man kann nicht genug Kohl essen...

Kürbis

Ich nenne ihn in Gedanken oft «Pascha» oder «Gargantua», und zwar wegen seines Appetits und seiner Neigung, sich immer weiter aufzublähen, bis er, nach zwei bis drei Monaten, 30 bis 40 kg schwer ist!
Man muß (für eine einzige Pflanze) einen tiefen Graben ausheben und diesen mit gedüngter Erde auffüllen. Dann legt man drei Kürbiskerne fingertief hinein. Einige Tage nach dem Keimen läßt man nur noch die kräftigste Pflanze stehen. Wenn die ersten vier Blätter draußen sind, schneidet man den Stengel oberhalb des dritten oder vierten Blattes ab, damit sich zwei Ranken bilden, die sich rasch über den Graben hinaus verlängern; dann dirigiert man diese Ranken auf andere Beete zu, sogar auf Mauern oder Terrassen, ja bis auf das Dach. Und hier trägt dann jede Ranke ihre Frucht, vorausgesetzt, daß sie voll der Sonne ausgesetzt ist.
Der Kürbis liebt es, zu klettern, hoch zu thronen und sich mit Saft rundzufüllen. Er hat immer Durst: vergessen Sie nicht, wenn es auch nur ein bißchen heiß wird, morgens und abends

eine Gießkanne voll Wasser über seinem Fuß zu entleeren. Wenn er in seiner ganzen Pracht ausgewachsen ist, schneidet man ihn ab und kann ihn Monate hindurch auf ein wenig Stroh im Keller aufbewahren; er darf jedoch beim Transport keine größeren Verletzungen erleiden, sonst dringt Fäulnis rasch bis in seine Mitte.

Der Kürbis ist sehr reich an Karotin und Vitamin C. Als Suppe kommt er wieder in Mode. Schnell gekocht, durch ein Passiergerät gedrückt und mit etwas Milch und ein wenig geriebenem Käse verbessert, ist diese Suppe von schöner Orangefarbe köstlich anzusehen und sehr schmackhaft.

Reich an Stoffen, die im Winter selten geworden sind, an Fruchtfleisch, das für Magen- und Darmkranke zuträglich ist, sowie leicht harntreibend, ist der Kürbis bei Koliken und Verstopfungen, für alte Menschen und Kinder, für Nierenkranke und Rheumatiker eine heilsame Nahrung.

Ein Glas rohen Saftes auf nüchternen Magen fördert den Stuhlgang.

Die rohen Kerne (60 g), geschält, zerkleinert und mit etwas Milch und Honig vermischt, morgens auf nüchternen Magen eingenommen, sind ein bekanntes und gefahrloses Mittel gegen Bandwurm und Madenwürmer, besonders bei Kindern. Man kann auch die Kerne im Mörser zerkleinern, mit Honig vermischen und Kindern in einem Glas Milch zu trinken geben. In beiden Fällen gebe man etwa fünf Stunden später zwanzig bis dreißig Gramm Rizinusöl (als Abführmittel). Bei den ersten Symptomen hocke man sich auf ein mit lauwarmem Wasser gefülltes Bidet, worauf der Bandwurm, durch die Wasserwärme getäuscht, schließlich den Körper verläßt, ohne dabei seinen Kopf zurückzulassen!

Lauch (Porree)

Den Winterlauch, oder gemeinen Porree, der sehr groß wird, versetzt man im März oder April, geerntet wird er jedoch nicht vor Ende Juni. Man hat zwar den ganzen Sommer, Herbst und Winter Lauch, aber vom März an wird er hart und setzt Samen an. Was macht man da...?

Nun, es gibt auch Sommerlauch. Ich säe ihn in Töpfen oder Frühbeeten; bereits im Februar versetze ich die noch sehr zarten Pflänzchen, und zwar auf das sonnigste Beet im Garten, das außerdem gut gegen kalte Winde geschützt ist. Sie wachsen schnell an und bilden Stengel, die schlanker sind als die des Winterlauchs. Aber welch ein Geschmack!

Der Winterlauch übersteht auch strengen Frost, wenn er mit Stroh oder trockenem Laub abgedeckt ist. Aber es wird bei Frost manchmal sehr schwierig, ihn herauszuziehen. Deshalb empfiehlt es sich, rechtzeitig einige Strünke mit ihrem Erdballen auf der Schaufel in den Keller zu bringen.

Er ist der König des Gemüsegartens – und der Suppen. Reich an gut verträglichen Schleimstoffen (der Lauchsaft enthält 20 g Pektin auf den Liter!), bekommt er besonders Patienten mit Verdauungsstörungen recht gut. Provitamin A und Vitamin C sind vier- bis fünfmal reichlicher in den grünen als in den weißen Teilen enthalten. Vitamine der B-Gruppe (vor allem B_1 und B_2), Eisen, Kalzium, Kalium, Magnesium, Schwefel, Phosphor. Daher seine ausgezeichnete Wirkung bei Anämie, Rheumatismus und Leberleiden; ebenso bei Nierenkoliken. Er wirkt ferner, wie allgemein bekannt, harntreibend, speziell als Absud.

Wenn man Lauchgemüse lange im Wasser kocht, verliert es fast ganz seinen Wert für die Gesundheit. Aber rasch im Dampf bereitet oder in wenig Wasser blanchiert und in den Backofen geschoben, behält es fast alle seine Nährstoffe.

Mit Lauchabsud wird bei Angina und Halsentzündungen gegurgelt.

Äußerliche Anwendung: Gegen Hämorrhoiden; ein Sitzbad aus dem Absud wirkt wegen der Schleimstoffe lindernd.

Im Ofen gegart, zerkleinert und als Umschlag verwendet, fördert der Lauch das Reifen von Abszessen.

Frisch geschnitten lindert er Bienen- und Wespenstiche. Das frische, in Essig eingelegte Blatt ist gut gegen Hühneraugen und Schwielen. Der frische Saft beseitigt Pickel und Hautrötungen.

Linsen

Sie werden ab April, also einen guten Monat vor den Bohnen, ausgesät, schießen in eingefriedeten Gärten jedoch meistens ins Kraut. Die Linse bleibt eben eine Pflanze für den Ackerbau. Glücklicherweise findet man sie wie alle Trockengemüse überall im Handel, und sie behält lange Zeit ihre Wirkstoffe. Linsen enthalten bekanntlich viel Eisen sowie Phosphor. Und mehr Schwefel als Erbsen und Bohnen! Allerdings weniger Magnesium.
Sie werden von empfindlichen Mägen leichter vertragen als Bohnen. Besonders dann, wenn man sie zu Püree verarbeitet und ihnen damit die schwerverdaulichen Hülsen nimmt.

Mangold

Gedeiht in Gärten mit gutem Humus, muß reichlich begossen werden. Dann treibt er üppige, hell geäderte Blätter.
Enthält Provitamin A, Vitamin B_1 und B_2 und Vitamin C. Die Bedeutung des Mangolds für die Gesundheit wird oft unterschätzt. Er wirkt regulierend auf den Stoffwechsel und das Nervensystem. Er beruhigt den Darm, wirkt ganz leicht abführend und hilft gegen Hämorrhoiden und Hautkrankheiten.
Zubereitungsarten: Im Backofen gratiniert, in Suppen, als gedämpftes Gemüse, als Püree.
Ein Mangold-Umschlag aus gebrühten Blättern hilft bei Abszessen und Hämorrhoiden.

Meerrettich

Ein naher Verwandter des schwarzen Rettichs, aber mit dikkerer Wurzel. Er wird noch in Deutschland, in Belgien und den nordischen Ländern in Gärten angebaut; dort liebt man seinen starken, beinahe beißenden Geschmack. Er wird wesentlich länger als der Rettich und verlangt sehr tiefen, gut gedüngten Boden. Auch aus kleinen Wurzelstücken entstehen neue Pflanzen; man findet ihn wild auf Abfallplätzen und dergleichen.

Er ist noch reicher an Vitamin C als der schwarze Rettich. Seine schweflige Essenz ähnelt der des Senfs, mit den gleichen Wirkungen. Er enthält außerdem viele Kaliumsalze. Er ist ein starkes Tonikum und Magenmittel, er wirkt harntreibend und ist eine ausgezeichnete Hilfe bei Rheumatismus und Harngrieß. Er ist immer noch eines der besten Linderungsmittel bei chronischer Bronchitis, besser noch als der schwarze Rettich. Er gehört zu den stärksten Gewürzen (man kann mit ihm Tote erwecken). Meerrettich ißt man z. B. gerieben zu Würstchen oder Siedfleisch; in Flandern reibt man ihn fein, mischt ihn mit Butter und bestreicht damit Brote. Er würzt auch Salate pikant.

Frisches Meerrettichmark rötet die Haut; es lindert die stechenden Schmerzen, die von Rheumatismus und Ischias herrühren, und es kräftigt das Zahnfleisch.

Die pharmazeutische Industrie stellte früher den heilkräftigen Meerrettichsirup her, der Skorbut bekämpfte. Heutzutage, wo chronische Bronchitis an der Tagesordnung ist, kann man sich selbst einen solchen sehr wirkungsvollen *Sirup* zubereiten: Geriebenen Meerrettich mit etwas Zucker durch ein Sieb streichen; täglich zwei Löffel der dicken Flüssigkeit einnehmen.

Paprikaschoten (Peperoni)

Sie sind Nachtschattengewächse wie die Tomaten und Auberginen. Der Paprika *(Capsicum annuum)* läßt sich in vielen Gärten ziehen. Er braucht gut gedüngten Boden und viel Sonne.

Der sogenannt «süße» Gemüsepaprika wie auch die scharfe kleine Art ist, was nicht allgemein bekannt ist, besonders reich an Karotin und enthält – zusammen mit Petersilie und Kresse – von allen Gemüsearten das meiste Vitamin C. Er hat auch Phosphor und Eisen in sich. Man ißt Paprika roh, mit oder ohne Haut zu Streifen geschnitten, in Vorspeisen oder Salaten. Gewiß, die Haut ist viel härter als die der Tomate, aber so reich an wunderbaren Wirkstoffen! Und dann – welch eine Augenweide in der Salatschüssel; ein so schöner Anblick hilft der Gesundheit auch! Man gart ihn auch im Backofen oder unter heißer Asche.

Der *Cayennepfeffer* ist eine tropische Abart *(Capsicum frutescens).* Er ist vor allem reich an einem Alkaloid, dem *Capsaïcin,* einem hautrötenden Reizmittel, das in vielen Heilsalben gegen Hexenschuß, Rheumatismus und Neuralgien enthalten ist.

Der Cayennepfeffer eignet sich gut zur Würzung bestimmter Salate oder Saucen. Er erweckt erloschene Liebesglut zu neuem Leben. Und seltsam: 1 oder 2 g Cayennepfeffer in Pulverform, täglich eingenommen, lindern Hämorrhoiden rasch und nachhaltig.

Rettich

Zunächst die *Radieschen,* die jedermann kennt und die, in kleinen Büscheln verkauft, nicht nur eine Augenweide sind, sondern auch den Appetit anregen. Man sät sie in Abständen von 14 Tagen ziemlich dünn aus und erntet sie ganz jung und voller Saft, noch bevor sie harte, trockene Wurzeln geworden sind. Den Boden wie bei der Karotte fest andrücken. Der Same geht nach drei Tagen auf. Die Radieschen verlangen viel weniger Pflege als die Karotten. Sie sollen verdünnt werden, wenn sich mehr als 10 auf dem Quadratzentimeter befinden, sonst bilden sie nur dünne Fadenwurzeln. Dann müssen sie laufend gut gegossen werden, sogar noch mehr als die Karotten.

Sommerrettich und Winterrettich: viel dicker und länger als das Radieschen, weiß, gelb oder rosa, grau oder schwarz. Der *Sommerrettich* (man sät ihn vor dem 15. Juli) ist weniger hitzeempfindlich und verholzt weniger schnell als die Radieschen. Der *Winterrettich,* der etwa zur gleichen Zeit in Reihen gesät wird, bleibt bis zum ersten Frost in der Erde, dann wird er herausgenommen und wie Karotten in den Keller gelegt oder in Sand gelagert.

Die Rettícharten, besonders der schwarze Rettich, sind wie alle Kreuzblütler reich an Vitamin B und C sowie an Schwefel; sie enthalten Phosphor und Magnesium. Sie eignen sich sehr gut für Patienten mit Erkrankungen der Atmungswege, bei chronischer Bronchitis (dem Übel des Jahrhunderts) und bei Diabetes (einem weiteren Übel unserer Zeit). Skorbutheilend und harntreibend; ausgezeichnet für Blasenkrankheiten. Morgens auf nüchternen Magen genossen, lindern Rettiche Nesselausschläge. Abends sorgen sie für guten Schlaf.

Die Blätter sind reich an Karotin und Vitaminen, was sie zu einer wertvollen Beigabe in allen Salaten, Vorspeisen und Suppen macht. Roh gekaut, kräftigen sie das Zahnfleisch.

Rhabarber

Die Diätküche verwendet ihn wegen seines reichen Gehalts an Vitamin B und C; er wirkt erfrischend, beruhigend, abführend und stärkt die Kapillargefäße. Man ißt nur die Blattstiele, denn die Blätter enthalten zuviel Oxalsäure. Kom-

potte (mit wenig Zucker) und Konfitüre werden auch von Kindern gut vertragen; sie helfen bei Magenverstimmungen, bei Leberkrankheit und bei Appetitlosigkeit.
Nach Gayelord Hauser erhält Gurgeln mit Rhabarbersaft den Zahnschmelz. In England ist er zum Familiengetränk geworden.
Die in vielen Apotheken erhältliche pulverisierte Rhabarberwurzel ist ein leichtes Abführmittel, das keine Koliken verursacht und auch für den empfindlichen Darm verträglich ist (3 g in etwas Honig). Aber sie reizt die Hämorrhoiden und vermehrt die Magensäure.
Aus der gerösteten Wurzel wird eines der besten Medikamente gegen Zahnfleischentzündungen, Entzündungen der Mundschleimhaut und Parodontose hergestellt; es hilft auch gegen Angina, Mundfäule und von Zahnprothesen verursachte Reizungen.

Rote Rüben (Randen)

Sie werden auch Rote Bete genannt. Sie brauchen sehr guten Boden und beste Düngung. Man pflanzt Setzlinge in Abständen von 30 cm. Der Boden soll häufig gelockert, Unkraut ferngehalten werden.
Sie enthalten in den Blättern und im oberen Teil der Rübenwurzel dieselben Vitamine wie Mangold, dazu Magnesium, Phosphor und Zucker.
Eines der besten Heilgemüse bei Anämie, bei Mangel an Mineralstoffen, bei Nervosität (Vitamin B_1 übt eine beruhigende Wirkung aus). Es enthält aber Saccharose und ist deshalb für Zuckerkranke nicht empfehlenswert.
Gekocht büßen Rote Rüben viel von ihrem Gehalt ein. Ungeschält im Backrohr gegart, behalten sie fast alle ihre Wirkstoffe. Und schließlich kann man auch mit Gewinn den Saft trinken, wenn man die Roten Rüben roh, in kleine Stücke geschnitten, in der Fruchtpresse ausdrückt.

Schalotten

Anbauart und Boden wie beim Knoblauch. Die Schalotte enthält dieselben Wirkstoffe wie die Speisezwiebel. Außerdem eine Substanz, die den Zuckergehalt des Blutes herabsetzt. Die Schalotte ist für Diabetiker eine wahre Wohltat! Kleine Mengen Vitamin C wie in Zwiebel und Knoblauch. Aber die grünen und gelben Triebe sind sehr reich an mancherlei anderen Vitaminen und lassen sich wie Schnittlauch bei Horsd'œuvres, Suppen und Salaten sowie zum Garnieren verschiedener Gerichte verwenden.

Schwarzwurzeln

Sie werden von März bis Mai in tiefem, im Vorjahr gedüngtem Boden in dreißig Zentimeter auseinanderliegenden Reihen ausgesät. Der Samen muß fingerdick mit Erde bedeckt werden. Dann gut andrücken und bis zum Keimen feuchthalten. Man nimmt die Wurzeln dann am besten vor dem Frost heraus und hebt sie in Sandkästen im Keller auf.

Diese Wurzeln sind erstaunlich nahrhaft, vor allem dank dem Inulin, einer Stärkeart, die vor allem für Diabetiker ein Segen ist. Sie wirken entlastend auf die Leber, beruhigend auf Darm und Nieren. Das Wasser, in dem die Wurzeln gekocht worden sind, kann man morgens auf nüchternen Magen und zwischen den Mahlzeiten (je eine große Tasse) trinken: es wirkt ausgezeichnet gegen Hautkrankheiten, gegen Rheumatismus und Gicht. Der rohe Saft hilft gegen Warzen.

Die grünen Triebe haben die gleichen Eigenschaften wie die Wurzeln, doch enthalten sie noch mehr Karotin. Aus den ganz jungen Blättern läßt sich ein angenehm schmeckender, knuspriger Salat zubereiten. Wenn man einige Wurzeln im dunklen Keller im Sand eingräbt, wachsen aus ihnen weiße Blätter, die noch besser schmecken als Chicorée.

Sellerie

Stangensellerie liebt viel Wasser und guten Boden. Dies gilt erst recht für den Knollensellerie. Man umgibt ihn mit einer kleinen Gießfurche und gießt ihn morgens und abends.
Knollen- und Stangensellerie: beide sind reich an Provitamin A, Vitamin B und vor allem Vitamin C, Kalium, Phosphor und Kalzium. Wirken appetitanregend. Gut bei Leber-, Nieren- und Blasenerkrankungen. Helfen bei Herzleiden und nervösen Zuständen. Sind wichtig für Geistesarbeiter. Roher geriebener Sellerie ist an leichter Sauce eine gute Vorspeise; aber viele Sorten, die einem heutzutage auf dem Markt angeboten werden, sind fast ohne Geschmack. Dies, obwohl er ein naher Verwandter der Petersilie *(apium)* ist. Ebenso wie diese gilt er übrigens auf dem Lande seit langem als Kraftspender für müde Ehemänner.
Gekocht ist die Sellerieknolle leicht verdaulich und wird von Magenkranken und Rekonvaleszenten gut vertragen.
Stangensellerie muß in viel Wasser so lange gekocht werden, bis die harten Fasern weich werden, wobei natürlich die meisten Vitamine verlorengehen. Man kann den Vorgang aber im Dampfkochtopf wesentlich abkürzen. Roh und knackig frisch ist er wertvoll als Rohgemüse oder Salat.
Gegen rheumatische Beschwerden hilft folgende dreiwöchige Kur: Jeden Morgen ein halbes Rotweinglas Saft aus gepreßtem Sellerie (aus Knollen oder Stangen) oder eine Tasse von einem Absud aus 50 g frischem oder 25 g getrocknetem Sellerie auf einen Liter Wasser trinken.
Die getrockneten Blätter dienen den ganzen Winter über als Suppengewürz und appetitanregendes Mittel.

Spargel

Er soll unter der Erde wachsen, und das verlangt harte Arbeit; man muß Gräben ausheben und sie mit feiner Erde, Humus

und Schafmist füllen – Schafmist ist der beste der langwirkenden Dünger. Dann setzt man die Pflanzen ein und bedeckt die Wurzelstöcke mit ein bis zwei Handbreit Erde. Im Maße, wie die Sprossen wachsen, häuft man weitere Erde auf. Diese Arbeiten fallen im März/April an. Dann muß gehackt und erneut gedüngt werden. Ernten kann man erst im dritten Jahr: große Felder sind so lange Zeit blockiert.
Spargel ist sehr wasserhaltig und daher wenig nahrhaft. Aber er wirkt appetitanregend, ist leicht verdaulich und enthält viel Provitamin A, Vitamin B und C sowie Phosphor.
Spargel sollte man ungeschält kochen (die Schale enthält am meisten Spurenelemente und Vitamine). Man stellt ihn gebündelt, die Köpfe nach oben, nur bis zur Hälfte in Salzwasser. Der Topf muß gut geschlossen sein, damit die Spargel im Dampf, nach etwa 15 Minuten, gar werden. Auf diese Weise erhält sich der feine Spargelgeschmack am besten.
Er ist bekanntlich stark harntreibend; empfindliche Blasen kann er reizen.

Spinat

Eine an Chlorophyll besonders reiche Pflanze. Braucht viel Wasser, Licht und stickstoffhaltigen Humus. Sie kann bereits im März für den Sommer ausgesät werden, doch wächst sie dann, wegen der längeren Lichteinwirkung, zu rasch, besonders in der trockenen Jahreszeit, und setzt zu schnell Blüten an. Um guten, gesunden Spinat zu erhalten, sät man ihn besser erst Juli/August; dann läßt er sich Zeit, und wenn er guten Boden hat und anfangs ausreichend bewässert wird, kann man ihn den ganzen Winter über – ja, bis in den Mai hinein! – schneiden. Bei Frost rollen sich die Blätter ein, erholen sich aber schnell wieder beim Waschen.
Ja, der Spinat ist der König unter den grünen Gemüsen. Die leuchtend grünen Blätter enthalten, wie unser Blut, eine gewisse Menge an Eisen, Provitamin A (Karotin), Vitamin C

(fast soviel wie die Zitrone), Vitamin B_1, B_2, Folsäure, B_{12} (wichtiges Vitamin für die Bildung der roten Blutkörperchen), Vitamin E (sogenanntes Fruchtbarkeitsvitamin) und Vitamin K. Außerdem enthält der Spinat Kalium, Kalzium, Magnesium, Jod und Kobalt. So viel Wertvolles, selbst im Winter!

Kuren mit rohem Spinatsaft. Oder mit Püree aus rohem Spinat, mit etwas Essig und Öl angemacht und mit Pellkartoffeln serviert. Diese Kur bewährt sich bei Kindern und Heranwachsenden, die unter Entwicklungsstörungen leiden, außerdem bei Rekonvaleszenten, Blutarmen und Schwangeren.

Bei starken Durchfällen verwende man als Klistier einen Absud aus 40 g Spinatblättern auf 400 g Wasser.

Meine Freundin Colette Lefort empfiehlt, den Spinat ohne Wasser zu kochen, da er selbst genügend Flüssigkeit enthält. Sie schneidet die gewaschenen Blätter in breite Streifen und legt diese, wie sie sind, in den Topf. Bei schwacher Hitze zugedeckt höchstens drei Minuten kochen lassen. Butter hinzugeben und sofort servieren.

Aber wegen seines Gehalts an Oxalsäure und Nitraten empfiehlt es sich bei Nieren- und Leberleiden, bei Arthritis und Rheumatismus, das erste Spinatwasser abzugießen, besonders wenn es sich um Sommerspinat oder nicht mehr ganz junge Blätter handelt. Wegen seines Gehalts an Nitraten gerät der gekochte Spinat, selbst im Kühlschrank, relativ rasch in Gärung; dabei wandeln sich die Nitrate in schädliche Nitrite um.

Tomaten

Das Geheimnis ihres Gedeihens liegt, wie bei der Aubergine und den Paprika-(Peperoni-)Sorten, in viel Sonnenwärme und Wasser.

Die Tomatensetzlinge sollten nicht vor Mitte Mai ausgepflanzt werden. Man setzt sie in Zwischenräumen von 70 cm,

so tief, daß sich nachtreibende Wurzeln bilden können. Einmal wöchentlich bricht man die Geize (unnütze Seitentriebe) heraus, denn die Pflanze soll ja große, schmackhafte Früchte und nicht eine Menge Blätter erzeugen.
Vor den ersten Nachtfrösten im Herbst nehme ich die letzten Früchte ab, auch wenn sie noch grün sind, und lagere sie auf Stroh an einem kühlen, dunklen Ort. Nicht in der Küche, wo sie zu schnell reifen, Schimmel ansetzen und verfaulen.
Die Tomate enthält Karotin (ausgezeichnet für die Haut und ihre Bräunung), Vitamine der B-Gruppe sowie die Vitamine K und C. Sie enthält nicht – wie man oft glaubt – besonders viel Vitamin C, dafür ist sie zu saftig. Man darf aber nicht vergessen, daß es sich bei dieser Flüssigkeit um lebendigen Pflanzensaft handelt; genügende Mengen davon sind stärker konzentrierten Säften überlegen. Tomatensaft enthält zahlreiche Mineralsalze (besonders Kalium in relativ hoher Dosis), Phosphor, Eisen und sogar Brom. Alles dies verleiht in seiner schönen Ausgewogenheit dem frisch ausgepreßten Tomatensaft eine wunderbar belebende Wirkung, vor allem, wenn er mit Selleriesaft vermischt wird. Man sollte täglich ein Glas zwischen den Mahlzeiten trinken.
Zu Unrecht wird manchmal der Genuß von Tomaten in Fällen von rheumatischen Beschwerden, bei Nieren- und Leberleiden verboten, weil man ihren Gehalt an Oxalsäure fürchtet. Die Tomate enthält weniger Oxalsäure als beispielsweise der Spinat.
Tomaten-Mixgetränk: Man vermischt im Mixbecher den Saft von 10 Tomaten und 5 Zitronen. Gibt etwas Worcestersauce und Ketchup, Selleriesalz (oder Selleriesaft), Pfeffer und ein paar Eiswürfel hinzu.
Es ist ganz unmöglich, hier auf alle Verwendungsmöglichkeiten der Tomate in der Küche einzugehen – auf das Grillen, Braten, Füllen; auf Tomatensauce, auf die köstliche Konfitüre aus grünen Tomaten.
Umschläge aus frischen Tomatenblättern lindern Entzün-

dungen, Akne und Ekzeme. Außerdem verscheucht ihr starker Duft Wespen und Mücken, auch Ameisen lieben ihn nicht.

Topinambur (Erdbirne)

Hat man ihn erst einmal im Garten, vermehrt er sich von selbst. Er hat uns Franzosen in den Hungerzeiten gute Dienste geleistet, roh und gekocht.
Reich an Karotin und Vitamin C, enthält er das für Diabetiker so wichtige Inulin, das wir auch in Artischocken und Schwarzwurzeln finden. Und er enthält Spuren von Arsen, wunderbar für das Wachstum von Kindern. Außerdem enthält er pflanzliche Fette und Wirkstoffe, die der Darmträgheit entgegenwirken. Sein Saft wirkt manchmal gründlich abführend; das kann man vermeiden, indem man ihn schält, in Stücke schneidet und in leicht gesalzenem Essigwasser blanchiert.
In der Provence schmort man den Topinambur in Öl mit etwas Speck, oder man bestäubt ihn mit Mehl und dünstet ihn in etwas Wein und Wasser. Dann gibt es auch die *provenzalische Topinambur-Suppe,* die abführend und sogar schlankheitsfördernd wirkt, wenn man genügend Wasser verwendet und sie nicht mit Sahne oder Eigelb eindickt:
2 Stengel Lauch, 2 große, feingehackte Zwiebeln glasig dämpfen, dann 500 g Topinambur, 2 Kartoffeln sowie als Würze etwas Petersilie, wenig Sellerieblätter und Gewürznelken hinzufügen. Mit reichlich Wasser weichkochen, pürieren, mit gehacktem Kerbel bestreuen.
Der Topinambur, in Wasser weichgekocht und in Scheiben geschnitten, wird auch als Salat oder in weißer Sauce gegessen. Köstlich ist er auch püriert, mit feingehacktem Basilikum.
Die in Wein eingelegten Blätter ergeben einen Würzwein, der Kraft und Ruhe verleiht.

Zucchini (Zucchetti)

Hier handelt es sich um eine Art von Kürbis, die gegessen wird, bevor sie ganz ausgewachsen ist. Zucchini haben im großen und ganzen dieselben Eigenschaften wie Kürbis, doch enthalten sie noch mehr Wasser. Wenn sie noch ganz jung sind, schälen kluge Leute sie nicht. Sie schneiden die Zucchini in Stücke und braten sie in sehr wenig heißem Öl. So kochen sie die Provenzalen, um ihren Geschmack und ihre gesundheitsfördernde Wirkung voll auskosten zu können.

Zwiebeln

Die Zwiebel liebt leichte, gutgedüngte Böden. Besonders erpicht auf Schwefel und Kali, schätzt sie als Dünger Holzasche.

Winterzwiebeln (weiße Zwiebeln) sät man dicht im August/September und pikiert sie gegen Ende des Herbstes (sie sind vor dem Einsetzen des strengen Frostes mit Stroh abzudecken). Die Winterzwiebeln werden ab April, je nach ihrem Reifegrad, geerntet. Sie halten sich zwar nicht lange, schmecken aber roh besonders gut.

Sommerzwiebeln werden gegen Ende März gesät. In Flandern läßt man die Sämlinge oft unpikiert stehen, sät sie aber auch weniger dicht. Blütenstiele, die sich manchmal bilden, bricht man heraus. Die Sommerzwiebeln (meist gelblich oder rötlich) werden ab Juli als Wintervorrat geerntet. Wer den Zwiebelanbau abkürzen oder vereinfachen will, kauft sich in der Samenhandlung kleine Steckzwiebeln. Im Februar, sogar bei strenger Kälte, eingesetzt, ergeben sie im Sommer schön ausgewachsene Zwiebeln.

Reich an Karotin mit etwas Vitamin B und C (letzteres besonders in den Röhrchenblättern), enthält auch die Zwiebel eine Substanz, die den Blutzucker abbaut (siehe Schalotten). Dazu Kalzium, Kalium, Schwefel, Phosphor, Eisen, Jod.

Rohe Zwiebeln sind ein wirksames harntreibendes Mittel und aus diesem Grunde gut gegen Wassersucht, Gelenkrheumatismus und Leberzirrhose. Für eine dreiwöchige Kur legt man je eine feingehackte, große Zwiebel über Nacht in warmes Wasser, das man am nächsten Morgen auf nüchternen Magen trinkt.

Dank ihrem Schwefelgehalt wirkt die Zwiebel gegen Erkrankungen der Atmungswege, gegen Grippe, Bronchitis, Heiserkeit und Asthma.

Ein Zwiebelstückchen in jedem Nasenloch – Sie können es mir glauben! – läßt beginnenden Schnupfen oder Grippe nicht aufkommen. Die Tränen, die wir beim Zwiebelschälen vergießen, helfen gegen Migräneanfälle.

Zur Beruhigung der Nerven kann man sich eine feingehackte Zwiebel in die hohle Hand legen und kräftig den Geruch einatmen.

Gegen Gewichtszunahme und zur Entschlackung wenden meine Frau und mehrere ihrer Freundinnen folgendes alte Hausmittel an: 200 g Zwiebeln zerkleinern und zwei Tage lang in einem Liter Weißwein ziehen lassen (es muß guter Weißwein sein; billige Weißweinsorten sind schädlich für die Nieren). Ein Glas jeden Morgen auf nüchternen Magen. Dies ist auch gegen Erkältungskrankheiten ein gutes Hausmittel.

Dank ihrem Phosphorgehalt übt die Zwiebel (roh oder gekocht) einen beruhigenden Einfluß auf Nervöse und Deprimierte aus. Eine große zerschnittene Zwiebel wird in Wasser gekocht, bis etwa ein Glas Flüssigkeit übrigbleibt. Trinken Sie das, wenn Sie deprimiert sind!

Die Zwiebel wirkt verdauungsfördernd und hilft auch zu gesundem Schlaf. Kein Wunder, daß die Nachtschwärmer Frankreichs dem Zwiebelsuppen-Essen, kurz vor Tagesanbruch, eine geradezu rituelle Bedeutung beimessen...

Im Backofen oder besser noch in heißer Holzasche gegart, bekämpft die Zwiebel Verstopfung und Blähungen.

Die an Karotin und Vitamin C sehr reichen Zwiebelröhren, kurz in Butter angebraten und dann zwanzig Minuten auf kleiner Flamme im Wasser gekocht, ergeben im Winter und Frühjahr eine ausgezeichnete Suppe, besonders wenn man noch andere Gemüse beigibt.

Äußerlich angewendet, regeneriert der Zwiebelsaft vor allem dank seinem Schwefel die Haut, beseitigt Runzeln und Sommersprossen und heilt Frostbeulen. Wenn man Warzen mehrmals täglich mit einer rohen, gesalzenen Zwiebel einreibt, wird man sie bald los.

Salate

Gut gekaut und als Vorspeise genossen, sind Salate die Wegbereiter der übrigen Speisen: sie regen die Magensäfte an und fördern die Verdauung. Die Salate sind außerdem ein ausgezeichnetes Mittel bei chronischen Verstopfungen, wenn der Patient Zellstoffe verträgt.
Im allgemeinen sind die grünen Teile der verschiedenen Salatsorten wesentlich reicher an Vitamin C, an bestimmten Vitaminen der B-Gruppe und an Karotin. Kopfsalat, Kresse und Rapunzel (Feldsalat, «Nüßlisalat») enthalten sogar in größeren Mengen das sogenannte Fruchtbarkeitsvitamin E. Wer Zellstoff nicht verträgt, kann Salatblätter auspressen und den Saft trinken, vielleicht vermischt mit dem Saft von Tomaten, Sellerie, Kohl usw.

Chicorée

Von allem, was in meinem Gesundheitsgarten wächst, bereitet mir diese Pflanze im Winter am meisten Vergnügen. Um den ersten Juni herum säe ich die winzigen Sämlein – die ich mit feinem Sand gründlich gemischt habe, damit die Saat nicht zu dicht wird – in flache Rillen in gutem, lockerem Boden. Die Pflänzchen müssen später so ausgedünnt werden, daß nur etwa alle Handbreit ein besonders kräftiges stehen bleibt. Von den recht bitteren Blättern, die sich bilden, nehme ich nur ab und zu ein wenig als kräftigen Beiklang in einem sommerlich gemischten Salat, denn mir ist an der langen Pfahlwurzel gelegen. Im Spätherbst grabe ich die Wurzeln sorgfältig aus und bringe sie vorläufig an einem kühlen, aber frostfreien Ort unter. Und dann beginnt der Spaß: In mit Sand gefüllten Kistchen oder großen Blumentöpfen, die so tief sein sollten, wie die Wurzeln lang sind, setze ich jede Woche eine Anzahl Wurzeln – die Blätter schneide ich bis auf wenige Zentimeter ab – in etwa drei Fingerbreit Abstand ein. Kistchen oder Blumentöpfe kommen dann in den Vorraum unseres Heizungskellers, der im Winter meist 10 bis 14 Grad warm ist. Sie werden mit allen möglichen Behelfen vollständig abgedunkelt und leicht gegossen. Und schon nach zwanzig oder etwas mehr Tagen kann ich die köstlichen weiß-gelben Chicoréezapfen ernten, einen aus jeder Wurzel. Sie ergeben einen wunderbar erfrischenden und – durch die Bitterstoffe – anregenden Salat, der seinen zarten Nußgeschmack behält, wenn man ihn in ganzen Blättern oder sehr grob geschnittenen Stücken auf den Tisch bringt. Erfreulicherweise enthält solche Chicorée ziemlich viel Karotin, aus dem im Körper wertvolles Vitamin A wird. Ferner B-Vitamine und Vitamin C, Kalium, Phosphor und sogar Mangan.

Wenn Sie aber Chicorée kaufen müssen: Daß sie frisch ist, erkennt man daran, daß die Schnittstelle noch schön weiß ist.

Chicorée wirkt anregend auf die Spannkraft, den Appetit und die Magensäfte, sie hat blutreinigende und harntreibende Eigenschaften.

Aus den bitteren «Sommerblättern», die man im Schatten trocknet, läßt sich ein *Tee* gegen Leberstauungen, Gelbsucht, Leberkoliken, Gicht und Darmentzündungen gewinnen: 25 g mit einem Liter kochenden Wassers übergießen, 10 Minuten ziehen lassen.

Die Wurzel hat dieselbe Wirkung – man schneidet sie in kleine Stücke und bereitet einen Absud aus 50 g in einem Liter Wasser. Dieser Absud regt die Gallensekretion kräftig an, wenn man morgens nüchtern und vor dem Abendessen je eine Tasse davon trinkt.

Endivie

Die Endivie ist wie die Chicorée der wilden Zichorienpflanze, der blaublühenden Wegwarte, eng verwandt und enthält praktisch die gleichen Wirkstoffe. Nur ist der Mangangehalt ihrer grünen Blätter noch höher, vor allem bei den feingekrausten Sorten.

Gartenlattich

Siehe Kopfsalat.

Kopfsalat

Kopfsalat, Schnittsalat, Pflücksalat und Gartenlattich – sie gehören alle zur selben Familie und sollen daher hier gemeinsam besprochen werden. Ihre gesundheitsfördernden Eigenschaften entsprechen denen der Kresse, doch sind sie weniger konzentriert. Kopfsalat und seine Verwandten enthalten viel Wasser; sie stillen nachhaltig den Durst und machen einen reinen Teint. Sie üben eine wohltätige Wirkung auf Leber, Gallenfluß und Blasentätigkeit aus. Man sagt diesen Salatsorten nach, daß sie beruhigend und schlaffördernd sowie dämpfend auf sexuelle Begierden wirken, doch waren diese Eigenschaften wohl früher merkbarer, als Kopfsalat noch nicht so stark veredelt war und viel mehr von der als Schlafmittel bekannten weißen Milch (lactucarium) enthielt. Heute finden wir diese Milch erst dann im Kopfsalat, wenn er in die Höhe schießt und Blüten ansetzen will. Das ist gut zu wissen – so kann man sich bei Bedarf ein paar Blätter vom aufgeschossenen Salat zum Abendbrot holen. – Lotionen aus Salatsaft stehen im Ruf, die Haut zu verjüngen und Akne zu heilen.

Kresse

Die *Brunnenkresse* enthält alle Vitamine der übrigen Salate, aber in wesentlich größeren Mengen: Vitamin C, Vitamin B_1, B_2, Provitamin A (Karotin). Und – mehr als alle anderen Salate – Vitamin E, das die Geschlechtsfunktion bei Mann und Frau anregen soll.

Und viel Schwefel. Und Kalzium, Eisen, Kupfer, Zink, Mangan und reichlich Jod! Und wertvolle Stoffe mit Antibiotika-Wirkung! Die *Gartenkresse* hat dieselben Eigenschaften, wenn auch in abgeschwächter Form.

Mit Kresse lassen sich wohlschmeckende Gesundheitssuppen bereiten. Aber beim Kochen verliert sie viel von ihrem Wert. Das gleiche geschieht, wenn sie nach dem Schneiden längere Zeit der Luft ausgesetzt bleibt: Wegen ihres Reichtums an Jod verdirbt sie, wird schnell gelb und toxisch. Man sollte also alle Kresse-Arten roh und möglichst frisch aus dem Garten genießen: als Salat an einer leichten Sauce aus Zitronensaft, wenig Salz, Kaffeesahne oder Joghurt, oder feingehackt in Quark als Beigabe zu Pellkartoffeln, oder auf einem Butterbrot.

Ihren *Saft* «verdünnt» man mit Vorteil mit anderen Gemüsesäften, denn ihr hoher Schwefelgehalt kann irritierend wirken. Solch ein «flüssiger Salat» ist gut gegen Skorbut und Mangel an Mineralsalzen. Der Eisengehalt der Kresse macht ihn zu einem ausgezeichneten Mittel gegen Blutarmut; der Schwefel und die Antibiotika-Wirkstoffe sind gute Mittel gegen Grippe, Bronchitis und Hautkrankheiten. Kresse beseitigt Leberstauungen und wirkt harntreibend. Sie ist auch für Diabetiker sehr zu empfehlen. Sie soll ein Nikotin-Gegenmittel sein. Diätfachleute und Kosmetiker empfehlen ein Glas «flüssigen Salat» mit Kressesaft auf nüchternen Magen zur Entschlackung des Körpers, für klaren Teint, strahlende Augen und Sex-Appeal.

Löwenzahn

Reich an Vitamin B_1, B_2 und C, sogar E, gehört er zu den Pflanzen, die fast ebensoviel Karotin enthalten wie die Petersilie. Er enthält ferner Eisen und Kalzium. Er wirkt appetitanregend, beruhigend und harntreibend. Er ist ein ausgezeichnetes Mittel bei Leberbeschwerden, Magenträgheit und Rheumatismus. Der frische Saft aus Blättern und Wurzeln erhöht, besonders wenn er im Herbst gewonnen wird, die Gallensekretion. Man kann sich einen ausreichenden Vorrat davon anlegen, wenn man ihn mit 20% 90prozentigem Alkohol und 15% Glyzerin versetzt (tropfenweise einnehmen!). Dieselben Eigenschaften hat ein aus frischen Wurzeln gewonnener Absud (60 g auf einen Liter Wasser). Oder: 50 g frische, kleingehackte Wurzeln 14 Tage in 200 g 60prozentigem Alkohol ansetzen; abfiltern, auspressen; 30 g Glyzerin hinzufügen. Je 20 Tropfen während der Hauptmahlzeiten nehmen.

Eine Handvoll Blüten, mit einem Liter Wasser aufgekocht, ergibt eine Lotion gegen Sommersprossen: morgens und abends das Gesicht damit waschen.

Und natürlich genießen wir die ganz jungen, frisch auf nicht gedüngtem Boden geernteten Blätter als belebenden Frühlingssalat.

Rapunzel- oder Feldsalat (Nüßlisalat)

Enthält viele Vitamine, auch relativ viel Vitamin E, allerdings nur halb soviel wie Kresse.

Gartenkräuter

Im Garten säen oder pflanzen wir natürlich auch *Gewürzkräuter,* denn sie hat man gern bei der Hand – frisch und in kleinen Mengen. Über die anderen Kräuter werde ich im Kapitel über die Wildpflanzen (S. 106 ff.) berichten.

Basilikum

Man braucht von ihm nur ganz wenig, um Suppen, Salate, Tomaten, verschiedene Fischsuppen oder auch eine Omelette zu würzen, und es genügen bereits wenige Pflanzen im Garten oder im Blumentopf, sogar in der Wohnung! Getrocknet verliert er fast sein ganzes Aroma. Und es ist nur eine einjährige Pflanze. Aber man braucht nur den Samen einzusammeln und ihn im März/April in Töpfen wieder auszusäen. Die Töpfe stellt man entweder in den Korridor oder draußen im Garten unter Glas. Basilikum verlangt mehr Sonne als die übrigen Gewürzkräuter und außerdem viel Wasser. Basilikum kommt gerade für die Leute in Frage, die keinen Garten haben; man muß es allerdings verstehen, die Töpfe so zu stellen, daß sie möglichst viel Sonne bekommen, und man darf das Gießen nicht vergessen. Zuweilen mag man ein kleines Blättchen abzwicken und es sich auf die Zunge legen – stundenlang bleibt der Mund voller Duft, und das Blättchen wirkt noch bis tief in den Magen hinein, wo es der Verdauung dienlich ist.

Reich an allen Vitaminen der Grünpflanzen, ist das Basilikum, wie alle Lippenblütler, ein Tonikum, das die Magenfunktion anregt. Aber es beruhigt auch Magenkrämpfe und lindert Migräne. Es ist gut gegen Schlaflosigkeit und nervöse Schwächezustände. Man stellt einen Aufguß aus 20 g Blättern auf einen Liter Wasser her. Man kann dazu auch getrocknetes Basilikum verwenden, aber nur am Schatten getrocknetes, und es muß in hermetisch verschlossenen Büchsen aufbewahrt werden.

Versuchen Sie einmal, Lauch- und Kartoffelsuppe mit einem frischen Basilikumzweig durch den Mixer zu lassen. Die Suppe nimmt sofort eine zartgrüne Färbung an. Und was für ein Duft! Meine Frau hat diese Suppe «Potage à la Chlorophylle» getauft. Sie eignet sich vorzüglich für jede Gesundheitsdiät.

Die *provenzalische Basilikumsuppe* ist etwas raffinierter; sie enthält: Frische weiße Bohnen. Getrocknete rote Bohnen. Grüne Bohnen, Tomaten, Karotten, Zucchini (Zucchetti), Kartoffeln. Fadennudeln. Einen Eßlöffel Olivenöl und drei Knoblauchzehen. Gruyère und holländischen Käse, gerieben, zu gleichen Teilen. Salz und Pfeffer nach Geschmack. Schließlich eine Handvoll frisches, feingehacktes Basilikum.

Borretsch

Auch als «Gurkenkraut» ist diese würzige Pflanze bei uns bekannt, weil ihre Blätter deutlich nach Gurke schmecken. Die kleinen, leuchtendblauen Sternblüten ziehen schon von weitem den Blick auf sich; Stengel, Blätter und sogar die Blütenkelche sind mit unzähligen Borsten besetzt. Die krautigen Stengel sind so voller Saft, daß sie leicht brechen. Gurkenkraut wächst so anspruchslos und leicht, daß man es recht häufig auch außerhalb der Gärten verwildert antrifft.

Zarte junge Borretschblättchen sind, feingeschnitten, ein bereicherndes Gewürz für Salate mit wenig Eigengeschmack.

Als ausgewachsene, blühende Pflanze enthält Borretsch Kalium, Vitamin A, C, Vitamine der B-Gruppe und Saponin. Er wirkt appetitanregend, harntreibend und vor allem schweißtreibend, was ihm in Arabien, woher er stammt, den Ehrennamen «Abu rasch», «Vater des Schweißes» eingetragen haben soll.
Wichtig ist auch der Kaliumgehalt – er verhindert, daß bei Entwässerungskuren Kaliummangel auftritt.
Anwendungsformen: Absud aus 60 g der ganzen, getrockneten Pflanze auf einen Liter Wasser oder Aufguß aus 20 g getrockneten Blüten auf einen Liter Wasser.
Borretsch ist ein großartiges Heilmittel bei mit Fieber verbundenen Hautausschlägen wie etwa Masern, Scharlach und Windpocken. Er bewährt sich auch bei akuter Bronchitis, Lungenentzündung und Grippe und immer dann, wenn ein reinigendes Schwitzen erwünscht ist. In solchen Fällen sollte man Borretschtee in reichlichen Mengen so heiß wie möglich im Bett trinken, um dann gut zugedeckt den heilsamen Schweißausbruch wirken zu lassen.

Estragon

Wie die anderen Beifuß-Gewächse (auch der Wermut gehört dazu) regt Estragon den Appetit und den Speichelfluß an und stimuliert die Verdauung. Beseitigt Blähungen. Wirkt menstruationsfördernd. Beruhigt Magenschmerzen, Neuralgien und rheumatische Beschwerden.
Man kann einen Aufguß aus 25 bis 30 g je Liter Wasser herstellen oder, noch besser, feingehackte, frische Blätter in gutem Weißwein ziehen lassen: ein Glas des so bereicherten Weins trinkt man vor den Mahlzeiten.
Estragon im Essig gibt ihm zusätzliches Aroma. Im Salat ist er, kleingehackt, ein feines Gewürz, ebenso in Kräutersaucen, Remouladen, Sauce Béarnaise.
Estragon-Likör: Man setzt 100 g frische Blätter 3 Wochen in

60%igem Alkohol an. Dann gibt man 300 g Zucker zu. In Cocktails oder als Likör zu verwenden. Regt die Verdauung an.

Kerbel

Man sät ihn, möglichst an schattigem Ort, jeden Monat neu, denn Kerbel hat jung das beste und vollste Aroma. In seinem schönen frischen Grün ist er etwas blasser als Basilikum. Für ihn gilt dasselbe Rezept wie für die dort beschriebene «Potage à la Chlorophylle». Für Salate, Omeletten und roh auf eine schöne Fleischbrühe gestreut zu verwenden.

Er wirkt blutreinigend, abführend, appetitanregend und stimulierend, gibt wegen seines Eisengehalts eine gute Gesichtsfarbe. Wirkt gegen Gelbsucht und Gallenkoliken.

Man trinke jeden Morgen auf nüchternen Magen folgenden, im Mixer hergestellten *Saft:* Für 100 g Saft nimmt man zu gleichen Teilen Kerbel, Löwenzahn und kleingeschnittenen Schnitt- oder Kopfsalat. Ein gutes Mittel auch gegen chronische Bronchitis, Asthma, Heiserkeit.

Gekocht behält Kerbel seine harntreibenden und blutreinigenden Eigenschaften. Daher die klassische *Gesundheitsbouillon:* Kerbel, Löwenzahn, Brennesseln und Sauerampfer dämpfen in etwas Öl, insgesamt etwa 40 g auf einen Liter Wasser oder Hühnerbrühe.

Zur äußeren Anwendung kocht man einen Absud aus 30 g je Liter kurz auf: er macht fette oder runzlige Haut geschmeidig. Dies war das Geheimnis der Ninon de Lenclos, die noch mit achtzig Jahren Männer zu leidenschaftlicher Liebe begeisterte.

Lavendel

Die verschiedenen Lavendelarten sind sich in ihrer gesundheitsfördernden Wirkung alle ähnlich und werden heutzutage mehr denn je von der Medizin genutzt, und zwar speziell als Tonikum, Mittel gegen Migräne, Antiseptikum der Atmungsorgane und als krampflösendes, harn- und schweißtreibendes Mittel. Die besten Sorten wachsen wild in der Provence. Wie verschiedene andere kraftspendende Pflanzen wirkt der Lavendel bei schwacher Dosierung nervenberuhigend:

Man stellt aus den Blüten (10 g auf einen Liter Wasser) einen Tee her und trinkt täglich 3 bis 4 Tassen zwischen den Mahlzeiten; er ist gut gegen Nervosität, Hysterie, Migräne (besonders wenn diese nervlich oder durch Verdauungsstörungen bedingt ist), asthmatischen Husten, Keuchhusten, Koliken sowie gegen verschiedene Krampfzustände, chronische Bronchitis und Schwindelanfälle.

Ein Tee aus 50 g Blüten auf einen Liter Wasser wirkt gegen Grippe und andere fiebrige Infektionen; man schwitzt und uriniert ausgiebig. Dadurch werden auch akute Anfälle von Gicht gelindert.

Äußerliche Anwendung: Aus 30 g Blüten, die man 10 Minuten in etwas Wasser kocht und weitere 10 Minuten ziehen läßt, macht man Kompressen gegen rheumatische Beschwerden, Quetschungen, Verrenkungen und Verstauchungen. Auch für Vollbäder geeignet.

Lorbeerblatt

Es spielt in der Küche eine wichtige Rolle und wird vor allem bei Fischsuppen, Marinaden und verschiedenen Saucen verwendet. Wir kaufen die Blätter getrocknet.

Die Blätter haben appetitanregende und verdauungsfördernde Eigenschaften; sie wirken harntreibend, gegen Blähungen, menstruationsfördernd, schweißtreibend und bei Bronchitis schleimlösend. Hierzu stellt man einen *Aufguß* aus 20 g Blättern auf den Liter Wasser her und trinkt 3 bis 4 Tassen am Tag. Das Lorbeerblatt findet sich neben Thymian, Eukalyptus

und Feldthymian (Quendel) in zahlreichen Salben, mit denen man Kindern oder alten Leuten bei Erkältungen Brust und Rücken einreibt. Und man riecht den Lorbeer und den Thymian dann den ganzen Tag.
Auch wer im Garten weder Thymian noch Lorbeer, Rosmarin oder Bohnenkraut hat, kann diese Kräuter kaufen und das *Würze-Rezept aus der Provence* befolgen: In einem Stoffsäckchen diese Pflanzen gedörrt mit ein paar Gewürznelken, Lavendelblüten und getrockneter Orangenschale – Mischungsverhältnis nach Geschmack – mischen. Dann das Säckchen zuknoten und es kräftig auf der Tischplatte hin- und herrollen, damit die Kräuter zerbröckeln. Das Säckchen in einem Glasgefäß einschließen. Nach einigen Wochen kann man es öffnen und eine köstliche Gewürzmischung herausnehmen, die sich für viele Gerichte eignet.

Minze

Die Pfefferminze und ihre nächsten Verwandten – es ist unmöglich, hier alle verschiedenen Arten zu nennen – sind mehr oder weniger starke Heilmittel bei Magen- und Darmstörungen und gegen Blähungen; sie lindern den Brechreiz, lösen Hustenkrämpfe und wirken auch gegen Migräne. Alle Minzarten sind gut gegen Nervosität und Schlaflosigkeit; eine Mischung aus Lindenblüten- und Pfefferminztee wirkt beruhigend vor dem Schlafengehen. Minze soll bei hoher Dosierung den Sexualtrieb bei beiden Geschlechtern ungemein anregen. Minze fördert die Menstruation.
Tee aus 10 bis 20 g getrockneter oder doppelt soviel frischer Minze pro Tag, je eine Tasse morgens und abends – als Beruhigungsmittel. 40 g, auf 4 Tassen im Laufe des Tages verteilt, gegen Erschlaffung des Verdauungsapparats. Der stärkere Aufguß beginnt bei 15 g pro Tasse. Die Minze gilt als die Pflanze der Jugend und der Manneskraft.
Schließlich empfiehlt sich die frische Minze als aromatisches

Gewürz für Salate, Suppen, Teigwaren und Hammelragout; sie macht die Speisen auch leichter verdaulich.

Petersilie

Sie enthält von allen Gartenpflanzen mit Abstand am meisten höchst wichtige Bestandteile: Provitamin A, Vitamine der B-Gruppe, besonders B_1 und B_2, Vitamin C, an Vitamin E (das sogenannte Fruchtbarkeitsvitamin für beide Geschlechter) doppelt soviel als Weizenkeime. Daher das alte französische Sprichwort, das wie den Sellerie auch die Petersilie mit der Manneskraft des Gärtners in Verbindung bringt. Ein Sprichwort, das auch für die Frau seine Gültigkeit besitzt. Übrigens enthält die Petersilie, vor allem in ihrem Samen, ein starkes, die Menstruation regelndes Mittel *(Apiol)*. Hiezu kommt der hohe Gehalt der Petersilie an Kalzium, Phosphor, Kalium, Eisen und Schwefel. Die Petersilie ist zweifellos ein mächtiger Gesundheitsspender.

Sie wirkt appetitanregend, als Tonikum, harntreibend und antiseptisch für den Verdauungstrakt und das Blut. Man entzieht ihr den Saft mit der Fruchtpresse. Dieser Saft wird übrigens in Reformgeschäften verkauft. Feingehackt und mit warmer Milch vermischt, ergeben 100 bis 200 g Petersilie täglich ein gutes, schleimlösendes Mittel für die Atmungswege; es heilt auch Heiserkeit. In 90%igem Alkohol angesetzt, wirkt Petersilie als Tinktur oder Kompresse lindernd bei Neuralgien. Bei neuralgisch bedingten Zahnschmerzen und Gesichtsneuralgien legt man ein Stück in die Tinktur getauchte Watte an die Wange, das Zahnfleisch oder gegen das Ohr.

Ein Umschlag aus gehackter Petersilie ohne Alkohol dämpft und heilt Insektenstiche und Hautabschürfungen und verhindert schmerzhafte Schwellungen. Auf der Brust fördert ein solcher Umschlag den Fluß der Muttermilch.

Ein lauwarmer Absud (ein Bund Petersilie wird eine Viertelstunde in einem halben Liter Wasser gekocht) wirkt als Lotion zur Verschönerung des Teints; morgens und abends auftragen.

Rosmarin

Einer unserer besten Lippenblütler mit krampflösenden, stimulierenden und gallentreibenden Eigenschaften.
Ein Aufguß aus 5 bis 15 g der getrockneten Blätter und Blüten in einem Liter Wasser täglich ist gut gegen Asthma, Bronchitis, Husten, Keuchhusten, Migräne, Schlaflosigkeit, Rheumatismus und Arthritis. Er regt die Gallensekretion an und entlastet die Leber. Ein gutes Mittel gegen Gelbsucht; es reguliert außerdem die Menstruation. Rosmarin ist ein wirksames Mittel gegen Magenkoliken und Blähungen. Bei Fällen von Atemnot (Grippe, Bronchitis usw.) kann man für einen starken Tee bis auf 60 g der getrockneten Pflanze pro Liter Wasser gehen.
Ein guter *Gewürzwein:* 50 bis 60 g Rosmarin in einem Liter Weißwein 14 Tage gut verschlossen stehen lassen; dreimal täglich ein Glas.
Gemahlener Rosmarin ist ein aromatisches Gewürz für Fleischspeisen, Reis usw.
Äußerliche Anwendung: Der 10 Minuten gekochte Absud eignet sich zu kräftigenden Bädern für schwächliche Kinder sowie zu Friktionen, besonders gegen Asthma und Husten. Als Kompresse (oder als sehr heiße Umschläge aus den blühenden Stengeln) wirkt Rosmarin bei Gelenkrheumatismus.

Salbei

Im klassischen Altertum schon galt er als geheiligtes Kraut, das von allen erdenklichen Übeln errettete – sein Name geht auf das lateinische «salvare» = retten zurück. Doch auch die moderne Pflanzenheilkunde erkennt ihm heilende Kräfte zu.

Dabei schließt sie allerdings den Salbei aus, den jeder auf unseren Wiesen an seinen tiefblauen Blüten erkennt: «wilder» Salbei *(Salvia pratensis)* enthält kaum Heilstoffe. Der Echte Salbei *(Salvia officinalis)* dagegen, buschig und mit verholzenden Ästen, der als Gewürzpflanze in vielen Gärten steht, ist wie die meisten Lippenblütler magenstärkend, verdauungsfördernd und anregend. Aber er wirkt auch und vor allem krampflösend und schweißhemmend und wird daher gegen nervöse Störungen, Schwindel, Depressionen, Wallungen und andere Beschwerden der Wechseljahre empfohlen. Man verwendet getrocknet seine vor der Blütezeit geernteten Blätter.

Salbei wird als erfolgreiches Hausmittel für Mundspülungen und zum Gurgeln verwendet bei Mundfäule, Zahnfleischentzündungen, Halsschmerzen.

Asthmatikern hilft Salbeitee oder das Rauchen von Salbeiblättern.

Zum *Gurgeln:* Aufguß aus 40 bis 50 g getrockneten Salbeiblättern in einem Liter Wasser, 10 Minuten ziehen lassen, abseihen.

Tee: 15 bis 20 g pro Liter Wasser, kurz ziehen lassen, drei Tassen im Tag trinken.

Salbeiwein: 80 g in einem Liter guten Weines angesetzt und nach 8 bis 10 Tagen abgesiebt. Für Rekonvaleszenten oder allgemein bei Schwächezuständen ist es nützlich, davon zu jeder Mahlzeit ein Gläschen zu trinken.

Am Salbei läßt sich besonders einleuchtend zeigen, wie weise meistens in der Koch-Tradition die würzenden Kräuter verwendet werden: Die klassische Füllung einer Bratente ist zum Beispiel eine Mischung aus Zwiebeln und Salbei, und Salbei hilft das Fett der Ente leichter verdauen. Leberspießchen, zu denen fetter Speck gehört, sind in der Schweizer Küche nur «echt» mit Salbeiblättern; die berühmte «Saltimbocca» Italiens – Kalbsschnitzel mit Speckscheiben – erfordert ein Salbeiblatt, um traditionsgerecht zu sein, und schließlich ist Salbei als Gewürz an Hammelbraten, der früher oft sehr fett war, geradezu klassisch.

Schnittlauch

Wir pflanzen ihn an den Rändern des Gesundheitsgartens und nicht auf den eigentlichen Gemüsebeeten.

Verwandt ist er mit Knoblauch, Schalotten und Zwiebeln... abgesehen von den in den Zwiebeln enthaltenen, kostbaren Stoffen (Schwefel, Jod, Silizium) enthält er in seinem Grün, und zwar fast in demselben Maße wie die Petersilie, das für die Gesundheit so überaus wichtige Karotin (Provitamin A), Vitamin C und andere Vitamine, die einem beim Knoblauch, den Schalotten und Zwiebeln gewöhnlich entgehen. Und wie herrlich kann man mit ihm das Aussehen von Salaten, Vorspeisen und Suppen verschönern! Ganz zu schweigen von den feinen Geschmacksnuancen, die sich mit ihm erzielen lassen...

Thymian

Zur Vermehrung trennt man von einer Thymianstaude einige kleine Zweige ab und setzt sie am Beetrand oder in Töpfen ein. Thymian behält übrigens auch gedörrt sein Aroma und seine heilenden Eigenschaften sehr lange. Er ist eines der beliebtesten Gewürzkräuter und verdient seinen Ruf auch, wenn man ihn zu verwenden weiß: es gibt nichts Besseres als etwa einen Hasenbraten, innen und außen mit Thymian gewürzt.

Seit langem benutzt man Thymian als Anregungsmittel für den ganzen Organismus; er fördert die Intelligenz, den Blutkreislauf und das Nervensystem. Einige Diätfachleute empfehlen ihn in leichtem Aufguß als Getränk zu den Mahlzeiten und zur Bekämpfung der Gliederschwere beim Aufstehen. Reich an Thymol, einem kräftigen Antiseptikum, ist er ein ausgezeichnetes Mittel gegen Darmträgheit (wirkt hier jedoch viel stärker als Quendel, Feldthymian); er ist gut gegen Magen- und Darmentzündungen. Außerdem gegen chronische Bronchitis, Asthma, Keuchhusten, Grippe und Angina. Bei Asthma verwendet man vorzugsweise die Blüten. Gegen Husten fügt man etwas Honig hinzu; bei Grippe und Entzündung der Nasenschleimhäute ziehe man den warmen Absud erst durch das eine, dann durch das andere Nasenloch ein, und zwar fünf- bis sechsmal hintereinander.

Ein sehr gutes Mittel gegen alle Arten von Würmern ist ein Aufguß aus mindestens 50 g Thymian je Liter Wasser.

Ein warmes Thymianbad (500 g) ist ausgezeichnet bei Erkrankungen der Lymphgefäße und für schwächliche, kränkliche Kinder. Sehr warm (40 Grad) wirkt dieses Bad gut bei Rheumakranken; sie sollten sich anschließend in warme Dekken wickeln, um ausgiebig zu schwitzen.

Früchte und Beeren

• In jeder Frucht wird der Saft durch ein Netz aus Zellulose-Pektose festgehalten. *Dieser enthält:*

Zucker: Saccharose, Glukose, Lävulose (Fruchtzucker) in verschiedenen Mengen je nach den einzelnen Obstarten; manchmal ist fast nur Lävulose vorhanden, etwa bei den Beeren, deren Samen mit dem Fruchtfleisch vermischt sind (Johannisbeeren, Erdbeeren, Himbeeren z. B.).

Organische Säuren: Zitronensäure (vor allem bei den Zitrusfrüchten), Äpfelsäure (vor allem bei den Äpfeln und Trauben), Weinsteinsäure (bei Johannisbeeren, Trauben usw.).

Mineralsalze auf Kalzium-, Magnesium-, Natrium- oder Kaliumbasis. Außerdem Phosphor in Form von Phosphaten.

Pflanzliche Proteine in kleinen Mengen.

Vitamine, vor allem die wasserlöslichen (B und C) und Provitamin A.

Pektine: Beim Reifen der Frucht wird aus der unlöslichen Pektose, die dem dichten Zellengewebe seine Widerstandskraft gibt, unter dem Einfluß eines Enzyms, der Pektase, lösliches Pektin; es kommt zu dem im Saft bereits vorhandenen Pektin hinzu. Die Frucht wird weicher; ihre Zellstruktur gibt nach. Schließlich wird sie nur noch von der Haut zusammengehalten und geschützt.

Die Säuren (Zitronen-, Äpfel- und Weinsteinsäure) sind *organische* Säuren, deren Funktion nicht nur in der Säuerung besteht; sie können sich auch an verschiedenen Verbindungen

im Stoffwechsel des menschlichen Körpers beteiligen, besonders zusammen mit Mineralbasen und Pektin. Außerdem schützen diese Säuren die Vitamine in der Frucht, vor allem das Vitamin C, vor der Zerstörung – ein Schutz, der auch beim Kochen des Obstes eine Rolle spielt. Dies ist das Geheimnis guter Konfitüren, aus Johannisbeeren etwa und anderen Sorten, die reichlich solche Säuren enthalten.
So ergibt sich im Zuge des Reifungsprozesses eine lebendige, außerordentlich komplexe *Ökologie,* in deren Rahmen die Wirkstoffe der Frucht von innen nach außen an Konzentration zunehmen. Die kleinste Verletzung der Schale öffnet schädlichen Einflüssen Tür und Tor: es kommt dann rasch zu Gärungsprozessen, zur Oxydation und zum Eindringen schädlicher Mikroben.

● Der Fachmann nimmt sein Obst immer vor der Reife ab. Er weiß, daß die Fäulnis der Reife auf dem Fuß folgt. Feuchtigkeit, Licht und Luft beschleunigen die Oxydation. Damit sich das Obst länger hält, sollte man es morgens, wenn der Tau verschwunden ist, und bei trockenem Wetter abnehmen oder abends, solange der Abendtau noch nicht gefallen ist. Man sollte sich vorher die Hände waschen und kurzgeschnittene Fingernägel haben.

● Obst gehört nicht in einen zu feuchten Keller. Eher in die kühle Speisekammer oder sogar auf den Dachboden, falls es dort nicht zu warm oder zugig ist. Manche legen die Früchte auf Strohunterlagen und hinter Vorhänge, die sich zuziehen lassen, damit das Obst in einer mit von ihm «ausgeatmetem» Kohlendioxyd angereicherten Atmosphäre wirklich zur Ruhe kommt. Es gilt zu verhindern, daß die Früchte zu schnell atmen. Es ist mir gelungen, Äpfel sehr lange in trokkenem Sand, in einem verschlossenen Koffer und in einer Kiste mit Haferspreu aufzubewahren; sie halten sich auch, in Papier eingewickelt, in einem Schrank recht gut.

Ananas

Sie wächst nicht in unseren Gärten, aber sie ist beim Gemüsehändler frisch oder in Büchsen jederzeit zu haben.
Sie enthält Phosphor, Kalium, Kalzium, Eisen, Jod, Karotin, die Vitamine A, B und C und eine sehr wertvolle Substanz, das Bromelin, das auf die Atmungswege und die Verdauung eine wohltätige Wirkung ausübt und auch zu Medikamenten verarbeitet wird. Büchsen-Ananas sind immer noch wertvoll, haben aber einen großen Teil des Karotins und des Vitamins C verloren. Leicht verdaulich; ein Tonikum. Sie gehören also zum Gesundheitsgarten, sind jedoch Diabetikern nicht zu empfehlen, weil sie zuviel Zucker enthalten. In der Kosmetik werden Ananas-Extrakte zur Pflege empfindlicher Haut verwendet.

Apfel

Nicht ganz so reich an Säften und Kalium wie die Birne. Aber fast dreimal so reich an Äpfelsäure. Äpfel enthalten Brom, Silizium und zahlreiche Spurenelemente; ferner Tannin und Pektin, Vitamine, Kalzium in einer Form, die ein besonders kostbares Element zur Senkung des Cholesteringehalts im Blut ist; Professor Léon Binet empfiehlt: «Essen Sie täglich zwei Äpfel, wenn Sie keinen Herzinfarkt bekommen wollen.»
Wie Birnen regen auch Äpfel den Speichelfluß an und fördern die Sekretion der Magensäfte, aber man muß sie gut kauen, sonst sind sie schwer verdaulich. Apfelkauen desinfiziert Mundhöhle, Zahnfleisch und Zähne. Dank Tannin, Pektin und Phosphor ist der Apfel gut für den Verdauungstrakt. Er ist ein wertvolles Nahrungsmittel für Kinder, alte Menschen, schwangere Frauen, für Sportler, Intellektuelle und Nervöse.
Der Apfel wirkt harntreibend vor allem durch seine Schale,

die, ähnlich wie die der Birne, reich an Tannin, Kalium und organischen Säuren ist: ein ausgezeichnetes Mittel gegen Arthritis, rheumatische Beschwerden und Steinbildungen; es wird von vielen modernen Phytotherapeuten (das sind Ärzte, die vor allem pflanzliche Heilmittel verwenden) empfohlen. Ein *Aufguß* aus einem Suppenlöffel getrockneter Schalen pro Tasse ist angenehm zu trinken. Ein *Absud* aus Apfelscheiben mit Schale (3 Äpfel auf einen Liter Wasser) ist ein berühmtes Mittel gegen verschleppte Bronchitis und Koliken; außerdem hat er harntreibende Wirkung.

Ein Apfel, jeden Morgen gegessen, wirkt blutreinigend; abends gegessen, schenkt er gesunden Schlaf. Gegen Darmentzündungen und Koliken gibt es die berühmte *Apfelkur:* sehr fein geraspelte rohe Äpfel, die an der Luft wegen des Tannins eine gelbliche Färbung annehmen. Ein bis drei Pfund pro Tag je nach Lebensalter, aufgeteilt in 4 oder 5 Mahlzeiten, ohne andere Nahrungsmittel: der Stuhl gewinnt schnell wieder seine normale Konsistenz.

Apfelsirup wirkt bei Kindern abführend und entgiftend: 5 Äpfel mit der Schale schneiden und eine Stunde mit 40 g Rosinen in einem Liter Wasser kochen. Durchseihen. 150 g Zucker dazu. So lange kochen lassen, bis der Saft dickflüssig wird.

Apfelkompott und -gelee bleiben reich an Kalziumsalzen, an Fruchtsäuren und Pektinen sowie an Spurenelementen. Aber es empfiehlt sich, im Winter etwas frischen Zitronensaft beizugeben, um den Verlust an Vitamin C, der bei länger gelagerten Äpfeln auftritt, auszugleichen.

Die frischen oder getrockneten *Blüten* (30 bis 50 g auf einen Liter Wasser) sind ein Hustenmittel.

Äußerlich: Brei aus gekochten Äpfeln beschleunigt die Wundheilung. Früher mischte man ihn mit Fett zur sogenannten «Pommade» (nach dem französischen Namen des Apfels: pomme).

Apfelmost enthält den größten Teil der Nährstoffe, Spurenelemente und Mineralsalze des Apfels. Er ist ein nahrhaftes Getränk, von dem ein Liter etwa 150 g Brot aufwiegt. Er enthält gerade so viel Alkohol, daß er Spannkraft verleiht, und nicht genug, um zu schaden.

Aprikose

Wohl dem, der in seinem Garten einem Aprikosenbaum, -busch oder -spalier einen warmen Platz anzubieten hat! Er kann die herrlichen Früchte in aromatischer Reife genießen und wird sich gewiß damit abfinden, daß Aprikosenbäume nicht selten wahrmachen, was man ihnen nachsagt, und nur jedes dritte Jahr reichlich Früchte tragen.
Wie bei allen Steinfrüchten sind auch bei Aprikosen die Vitamine der B-Gruppe und das Vitamin C eher spärlich vertreten, doch enthalten sie dafür reichlich Karotin, die Vorstufe des A-Vitamins, und Kalzium, Phosphor, Kalium, Eisen und Magnesium. Getrocknete Aprikosen sind für die Gesundheit vor allem wertvoll durch ihren Gehalt an konzentriertem Karotin (er ist größer als der von Butter, Eigelb und sogar Kalbsleber!) und Kalium. Wer durch eine Entwässerungskur oder anhaltenden Durchfall zuviel Kalium verloren hat, sollte viel getrocknete Aprikosen essen, um den Verlust schonend zu ersetzen.
In der Kosmetik werden Aprikosenextrakte in verschiedenen Kombinationen, z. B. als breiige Gesichtsmaske, bei trockener und empfindlicher Haut verwendet.

Banane

Man findet sie nur im Handel, aber welche Pracht entfaltet sie dort!...
Und sie steckt voller Energie: sie enthält viele stärkehaltige Stoffe und dafür, entgegen ihrem Ruf, sehr wenig nährwertarme Zellulose; dazu Karotin, Eisen, Magnesium, Phosphor

und Zink. Aber wegen ihres hohen Stärkegehalts soll man Bananen bei Verstopfung besser meiden. Auch Zuckerkranken tun sie nicht gut; sie enthalten nämlich Saccharose. Ihr geringer Gehalt an Vitamin C und B sowie an Kalzium macht sie ganz und gar nicht zur idealen Nahrung für Kinder und Geschwächte, für die man sie lange Zeit hielt. Andererseits empfehlen sie sich wegen ihres Reichtums an Kalium, wie die Kartoffel, bei salzarmer Kost.
Gewiß, die Bananen, die man in Europa erhält und die erst in sogenannten «Bananenreifereien» ausgereift worden sind, enthalten nur wenig Karotin; man sollte aber wissen, daß Bananen, die bei der Ernte an Ort und Stelle getrocknet werden, alle ihre ursprünglichen Wirkstoffe behalten: Gut zu wissen bei Lebensmittelknappheit oder für lange Reisen.

Birne

Ich habe es nie über mich gebracht, auf Birnbäume im Garten zu verzichten, zum mindesten hatte ich Spalierbirnen. Und dies trotz der unendlichen Arbeit, die sie erfordern: ihre Pflege, ihr fachkundiges Beschneiden, der unablässige Kampf gegen ein ganzes Heer von Feinden, gegen Pilze, Insekten, Schnecken, Ameisen...
Birnen sind eher arm an Karotin und Vitamin C, wie Äpfel aber reich an Kalzium; sie enthalten eine durchschnittliche Menge Phosphor, Eisen, Magnesium, Mangan, Kupfer, Zink; sie sind reicher an Kalium als Äpfel; an Vitaminen der B-Gruppe enthalten sie soviel wie Äpfel und wesentlich mehr als Pfirsiche. Und ihre Fruchtsäfte sind, wenn sie ganz ausgereift sind, für die Verdauung ausgezeichnet.
Die Birne ist die Frucht, die im Sommer noch besser als die Traube und viel besser als der Apfel den Durst löscht. Sie fördert den Speichelfluß, und die Verdauungsdrüsen öffnen sich, wenn sie mit dem Saft in Berührung kommen. Mit ihrer Schale wirkt sie harntreibend und reißt die Harnsäure im

Urin mit fort. Wenn man Birnen schält, sollte man die Schale immer frisch oder getrocknet aufheben, um daraus einen *Aufguß* zu machen, der ein ausgezeichnetes Mittel gegen Arthritis, Gicht und Rheumatismus darstellt und möglichst nach den Mahlzeiten getrunken werden sollte. Man esse drei Tage hintereinander je ein halbes Pfund Birnen: eine wirksame Kur gegen zu hohen Blutdruck.
Die Blätter von jungen Zweigen (100 g in einem Liter Wasser eine Viertelstunde gekocht) wirken ebenfalls harntreibend; sie sind außerdem gut gegen Blasenentzündungen, Durchfall, Schlaflosigkeit, Nervosität und Migräne.

Brombeeren

Die bei den Kindern so beliebten Brombeeren sind (wie die rote Johannisbeere) nicht sehr süß, aber sie enthalten eine große Menge leicht verdaulichen Fruchtzuckers. Ferner Kalium, Vitamin C (dreimal weniger als Johannisbeeren und Erdbeeren, aber dreimal mehr als Weintrauben), Phosphor, Eisen. Schließlich noch viel Fruchtsäuren, Tannin und Pektin. Die Brombeeren wirken laxativ und blutreinigend, wenn man sie auf nüchternen Magen zu sich nimmt, außerdem adstringierend. Der auch im Handel erhältliche Saft ist ein ausgezeichnetes Mittel gegen Darmentzündungen und Durchfall.
Man hängt die jungen, vor der Blütezeit gesammelten Zweige in Büscheln auf dem Dachboden auf; wenn die Blätter gut getrocknet sind, zerkleinert man sie und bewahrt sie wie Tee in Büchsen auf. Der aus 25 bis 40 g in einem Liter Wasser hergestellte Absud ist ebenfalls gut bei Darmentzündungen und hat eine harntreibende Wirkung (Gicht, Rheumatismus). Man verwendet ihn zum Gurgeln bei Zahnfleischentzündungen und Angina sowie zu Spülungen bei Weißfluß. Brombeerblätter sind ein altes, bewährtes Hausmittel.

Erdbeeren

Kein Garten ohne ein Erdbeerbeet! Es bringt die ersten Früchte des Jahres... und die ersten Konfitüren.
Man sollte Erdbeerpflanzen nicht an Beetränder setzen; wie soll man sie dort düngen, hacken, mit Stroh oder Holzwolle unterlegen, wie vermeiden, daß sie dort ständig verletzt, getreten, abgerissen werden?... Diese Pflanzen lieben durchlässigen, nicht lehmigen Boden, der tief umgegraben und ausgiebig gedüngt werden muß; er muß frei von Unkraut sein. Das Beet sollte alle drei Jahre verlegt werden. Während der Kultur ist die Strohbettung ständig zu erneuern. Die Pflanzen sind häufig zu gießen. Bei der letzten Ernte im Jahr entfernt man die trockenen oder rötlichen Blätter sowie alle überflüssigen Ranken. Dann überstehen die Erdbeerpflanzen den Winter besser und gedeihen im nächsten Frühjahr um so schöner.
Die Erdbeere ist neben der Melone eine der wasserhaltigsten Früchte (90%); ihr Gehalt an Vitamin C ist beachtlich und weit nützlicher als der der Zitronen, von denen man naturgemäß keine großen Quantitäten essen kann. Sie enthält außerdem viel Kalzium, Kalium, Magnesium, Eisen, Silizium, Phosphor, Jod und Brom. Sie wird bei Blutarmut als Tonikum empfohlen. Dank ihrem Siliziumgehalt ist sie gut bei Arteriosklerose. Durch ihren Flüssigkeitsgehalt, ihre Mineralsalze und ihr Pektin sowie durch ihre zahlreichen Samen erzeugt sie eine erhebliche Sekretion der Magensäfte und begünstigt die Peristaltik im Darm. Hinzu kommt, daß der Zucker der Erdbeere nur aus Fruchtzucker besteht und deshalb auch für Diabetiker zuträglich ist. Durch ihren starken Gehalt an Salizylsäure wirkt sie auf die Leber und die Gallenblase und hilft bei Anfällen von Gicht und Arthritis. Sie hat auch eine entschlackende Wirkung.
Wenn man die jungen Blätter und die Wurzeln trocknet (letztere sollten im Herbst oder während des Winters ge-

sammelt werden), erhält man ein an Tannin reiches Hausmittel, das als Adstringens, Tonikum, harntreibendes und blutreinigendes Heilmittel Verwendung findet. Ein aus 30 g auf einen Liter Wasser hergestellter *Erdbeerblätter-Tee* ist gut gegen Durchfall, Arthritis, Nierenkoliken, Arteriosklerose, hohen Blutdruck, Leber- und Blasenerkrankungen und Asthma. Er kann zum Gurgeln gegen Angina benutzt werden. Blätter und Wurzeln der Walderdbeere sind in dieser Hinsicht noch wirksamer.

Himbeeren

Enthalten weniger Vitamin C als die Erdbeere, aber immerhin ebensoviel wie die Zitrone. Sind reicher an Fruchtzucker, Kalzium, Eisen und Phosphor. Angenehm säuerlich dank ihrem Gehalt an Zitronen- und Äpfelsäure. Sie wirken erfrischend, blutreinigend, abführend und harntreibend und sind zur Behandlung von Leberkranken sowie bei Rheumatismus und Verstopfung geeignet. Sie regen die Tätigkeit der Schweißdrüsen an und werden deshalb Leuten empfohlen, die nicht ausreichend transpirieren können.
Kleingeschnittene Blätter und Wurzeln (eine Handvoll auf einen Liter Wasser, zehn Minuten ziehen lassen) sind harntreibend, blutreinigend und adstringierend: sehr gut bei Durchfall; zum Gurgeln bei Halsentzündungen. Bei Nieren- und Gallensteinen werden die Wurzeln bevorzugt. Himbeerblätter kann man auch in Suppen verwenden.
Himbeergelee: Siehe Rote Johannisbeeren.

Kirsche

Sie hat sehr wenig Vitamin C und Vitamin B, ist aber dafür reich an Karotin und Fruchtzucker (zu gleichen Teilen wie Saccharose) sowie an Eisen, Kalzium, Phosphor, Kalium, Magnesium und Zink.

Wirkt blutreinigend und abführend, ist außerdem gut bei Arthritis, Arteriosklerose und Gallenkrankheiten. Hat wenig Nährwert. Wirkt desinfizierend auf den Darmtrakt.

Kirschstiele: Man kocht 50 g frische Stiele auf einen Liter Wasser und trinkt vier- bis fünfmal eine kleine Tasse täglich. Ein bekanntes harntreibendes Mittel; es lindert Entzündungen der Harnwege und rheumatische Schmerzen, wirkt lösend auf Leberstauungen. Wenn man getrocknete Stiele verwendet, legt man sie vorher 12 Stunden in kaltes Wasser, sonst ist ihre Wirkung außerordentlich gering. Noch wirksamer wird der Absud, wenn man frische Apfelscheiben mitkocht.

Ein Aufguß der *Blätter* wirkt schleimlösend auf die Atmungsorgane. Macht man ihn mit Milch, erhält man ein mildes Abführmittel. Der Absud aus der *Rinde* junger Zweige (30 g auf 1 Liter Wasser) ist ein sehr gutes Mittel gegen Fieber.

Orange

Im großen und ganzen enthalten alle Orangenarten dieselben Stoffe wie die Zitrone, doch schwankt der proportionale Anteil dieser Stoffe je nach Art und Kreuzung. Ihr Saft, von leuchtend gelber Farbe, enthält mehr Karotin als der der Zitrone. Außerdem natürlich Vitamin C sowie Vitamine der Gruppe B und das Vitamin K. Wie bei der Zitrone enthält die Schale außerdem große Mengen der kostbaren Flavone. Doch muß man sich vor Orangen hüten, deren Schalen mit Gift behandelt worden sind. Manche Lieferanten weisen ausdrücklich auf der Verpackung oder der Frucht selbst darauf hin, daß ihre Orangen nicht gespritzt wurden.

Wie Zitronen wirken auch Orangen appetitanregend; sie desinfizieren die Mundhöhle und regen die Magen- und Darmsäfte an; sie werden von Sportlern als Energiespender in großen Mengen genossen. Orangen helfen gegen Hautkrankheiten. Zitrone ist gegen Altersschwäche nicht so wirksam wie die Orange.

Alkoholfreies Getränk (Orangeade): Man bringt einen Liter Wasser mit 200 g Zucker zum Kochen. Dann gießt man das kochende Wasser auf 6 kleingeschnittene ungespritzte Orangen samt Schale und eine in Scheiben geschnittene ungespritzte Zitrone. Im Wasserbad weiter ziehen lassen. Durchseihen. Kalt oder geeist servieren. Nicht länger als 24 Stunden aufbewahren.
Likör aus Orangenschalen: Man läßt die frischen Schalen (ohne das Weiße) von sechs ungespritzten Orangen in einem halben Liter guten Branntweins 14 Tage ziehen. Dann füge man 2 Liter Weißwein hinzu, in dem man 400 g Zucker aufgelöst hat. Durchseihen und lagern.
Orangenschalen wirken abführend und gallentreibend: Man lasse die Schale einer ungespritzten Orange in etwas Wasser zehn Minuten kochen und süße mit Honig nach.

Pfirsich

Die Römer brachten den Pfirsich vor nahezu zweitausend Jahren nach Europa und nannten ihn «Prunus persica». Ich liebe Pfirsichbäume sogar im Gemüsegarten – ihr luftiges Gezweig mit den schmalen Blättern nimmt dem Gemüse wenig Luft und Licht weg. Noch lieber habe ich allerdings die halbwilden Pfirsichbäume in den Rebbergen. Zwar mag man ihren Früchten vorwerfen, daß sie klein sind und daß ihr herbes Fleisch sich am Kern anklammert – doch wie schmackhaft sind sie, wenn man sie sonnenwarm gleich beim Baum genießt!
Wie ihre Verwandten, die Aprikosen, haben Pfirsiche nicht besonders viel Vitamine der B-Gruppe und verhältnismäßig wenig Vitamin C zu bieten, doch findet sich, vor allem in den gelbfleischigen Früchten, das wertvolle Karotin (Provitamin A) und ziemlich reichlich Kalium. Pfirsiche aus dem eigenen Garten, von denen wir wissen, daß sie nicht mit giftigen Spritzmitteln behandelt worden sind, sollten wir mit

der Schale essen, weil sie besonders reich an Karotin ist. Den Flaum wischen oder waschen wir vorher ab – in einem empfindlichen Hals kratzt er.
Pfirsichsaft wirkt harntreibend. Ein *Tee* aus 50 g frischen oder 20 g gedörrten jungen Pfirsichblättern auf einen Liter kochenden Wassers, in dem sie 10 Minuten ziehen, wirkt schweißtreibend, verdauungsfördernd, harntreibend. Man trinkt davon zu jeder Mahlzeit oder Zwischenmahlzeit eine Tassevoll. In stärkerer Konzentration ist solcher Tee ein kräftiges Abführmittel.
Ein altbekanntes sanftes Abführmittel für Kinder ist *Pfirsichblütensirup:* 100 g Blüten (man kann auch die unbefruchteten verwenden, die abfallen) werden einen halben Tag lang in einen Liter kaltes Wasser gelegt. Mit dem Wasser läßt man sie einmal aufkochen, dann wird der Tee gesiebt, wobei wir die Blüten gut ausdrücken. 1 kg Zucker einrühren. Ein Kaffeelöffel des gut haltbaren Sirups ist die richtige Dosis, um bei einem Kind die Verdauung wieder in Gang zu bringen.

Quitte

Wir wollen in unserem Gesundheitsgarten auch einen Quittenbaum haben; er stört kaum in einem Winkel des alten Gemäuers. Seine prächtigen pelzigen Früchte sind mit den festen Äpfeln und den weichen Birnen verwandt. Ende Oktober, wenn die Quitten gelb werden, nimmt man sie ab; sie lassen sich überall im Hause leicht aufbewahren.
Allmählich verströmen sie einen einmaligen Duft. Und sie enthalten Provitamin A, Vitamin C, viel Kalzium, Tannin und Pektine. Außerdem Äpfelsäure: mehr als Äpfel und viel mehr als Birnen.
Frisch oder getrocknet in Stücke geschnitten und zehn Minuten lang gekocht, ergeben sie ein tonisches und adstringierendes Getränk, das, eventuell mit Reisschleim vermischt, bei Durchfall und Verdauungsstörungen verabreicht wird.

3 g *Kerne* pro Tasse, gekocht, ergeben einen heilkräftigen Absud gegen verschiedene Beschwerden: Durchfall, Blasenentzündungen, leichte Verbrennungen, Frostbeulen, Hautrisse, Mundfäule und Hämorrhoiden. Zerstampft man Kerne und läßt sie in etwas Wasser ziehen, erhält man eine Emulsion, die man früher häufig als Haarfestiger verwendete; sie wirkt auch lindernd bei Frostbeulen, leichten Verbrennungen und Hämorrhoiden.

Tee aus frischen oder gekochten *Quittenblüten* dämpft den Husten und führt zu gesundem Schlaf.

Die *Blätter* werden gegen Schlaflosigkeit und Nervosität verwendet: Man kocht eine Handvoll Blätter 10 Minuten lang in einem Liter Wasser.

Wenn man die *Schalen* 14 Tage lang in etwas Branntwein ziehen läßt, ergibt sich eine vorzügliche Lotion gegen Runzeln im Gesicht, an den Händen und am Hals.

Quittengelee – welch ein Anblick! Welch köstlicher Geschmack! Hier das Rezept: Die gut ausgereiften Quitten mit einem Tuch abreiben, damit sie ihren Flaum verlieren. Dann aufschneiden und Kernhaus entfernen. Kernhaus in einen Gazebeutel legen. Die Früchte in schmale Streifen schneiden und sie mit Wasser bedecken; dann zusammen mit dem Beutel kochen, bis sich das Fruchtfleisch zerdrücken läßt. Alles durch ein dünnes Tuch treiben und die Masse in einem Topf mit 1 kg Zucker auf einen Liter Saft so lange kochen, bis ein Tropfen, den man auf eine Untertasse fallen läßt, geliert. Gelee sofort in Gläser füllen.

Quittenlikör: 2 Teile geriebenes oder im Mixer zerkleinertes Fruchtfleisch in 1 Teil Weißwein geben, den man mit gutem Weinbrand auf 20 Alkoholprozente steigert. Zwei Monate an die Sonne stellen. Dann durchseihen und je nach Geschmack nachzuckern. Dieser Likör hat alle Vorteile der Quitten, regt den Appetit an und fördert die Verdauung.

Rote Johannisbeeren

Wer hat nicht auch ein paar Johannisbeersträucher im Garten, im Winkel der Gartenwege? Rote Johannisbeeren enthalten viel weniger Vitamin C als schwarze. Andererseits jedoch wesentlich mehr Zitronen-, Äpfel-, Weinsteinsäure und Pektin. Diese Säuren bewahren beim Kochen einen großen Teil der Vitamine; deshalb sind Konfitüren und Gelees aus roten Johannisbeeren besonders empfehlenswert. Schließlich, wie bei allem Obst, bei dem sich die Samen mit dem Fruchtfleisch vermischen, besteht der Zucker der roten Johannisbeeren vor allem aus Fruchtzucker, der leicht verdaulich und auch für Diabetiker zuträglicher ist.

Um die Verdauungssäfte anzuregen, ißt man rote Johannisbeeren am besten roh, mit Zucker bestreut, vor oder nach den Mahlzeiten. Sie sind gut bei Darmträgheit, und ihre schleimhaltigen Samen wirken außerdem gegen Verstopfung. Johannisbeergelee zeichnet sich dadurch aus, daß es in besonders hohem Maße seinen Gehalt an Fruchtzucker, Vitaminen und Fruchtsäuren bewahrt.

Gekochtes Johannisbeergelee: Man nehme 4 Teile rote und 1 Teil weiße Johannisbeeren. Sie dürfen noch nicht ganz reif sein. Stiele mit der Gabel entfernen. Die Beeren auf kleiner Flamme ohne Zucker gerade so lange kochen, daß sie platzen. Dann in der Fruchtpresse ausdrücken. Damit das Gelee durchsichtig wird, seiht man den Saft durch ein Tuch. Dann kocht man ihn mit der gleichen Menge Zucker, bis er die gewünschte Konzentration erreicht hat. Richtig gemacht, behält das Gelee seinen vollen Johannisbeergeschmack. Warum also – wie es manche Leute tun – noch Himbeeren hinzugeben? Nur keine Vermischerei und Verderberei von Geschmacksnuancen!

Kaltgerührtes Johannisbeergelee: Die Johannisbeeren mit der Gabel von den Stielen lösen und sie leicht zerdrücken, ohne die Samenkörnchen zu verletzen, denn sonst entsteht ein bitterer Geschmack, und im Saft befindet sich bereits genug Pektinsäure. Den Saft durchseihen und abwiegen; dann die doppelte (!) Menge Zucker unter ständigem Rühren mit einem Holzlöffel hinzugeben. Rühren, bis sich der Zucker völlig aufgelöst hat. Die Masse in kleine Töpfe füllen und an einem trockenen und sonnigen Ort stehen lassen. Am nächsten Tag ist das Gelee fertig. Kleine Töpfe verwenden und sie luftdicht verschließen, denn dieses Gelee hält sich trotz des Zuckers weniger gut als das andere; man kann die Schimmelbildung dadurch verhindern, daß man das Gelee mit einem in Alkohol getauchten Stück Papier direkt, ohne Luftblasen darunter, bedeckt.

Schwarze Johannisbeeren

Die Beeren haben einen sehr starken Duft (den ich jedoch nicht als unangenehm, sondern als seltsam reizvoll empfinde). Manche Leute schreckt er aber ab, zudem sind die Beeren sauer.

Sie enthalten viel Weinsteinsäure (wie Trauben) und unter den gesamten Früchten des Gesundheitsgartens mit den höchsten Anteil an Vitamin C: fünf- bis zehnmal mehr als Zitronen. Außerdem ist ihr Säuregehalt prachtvoll ausgewogen. Der frische Saft ist eines der allerbesten Mittel, um sich einen Winter ohne Erkältungen, Grippe, Bronchitis, Angina, Erkrankung der Lymphgefäße und Kalkmangel zu sichern; außerdem ist er gut für den Teint, das Zahnfleisch und wirkt als Tonikum für Herz und Muskulatur. Darüber hinaus sind diese Beeren reich an Fruchtzucker, der für Diabetiker so kostbar ist. Sie wirken ferner blutreinigend, harntreibend und dank ihrem Tanningehalt auch gegen Durchfall.

Rezept zur Herstellung eines guten *Sirups aus schwarzen Johannisbeeren:* zwei Teile Beeren auf einen Teil Zucker. Auf schwachem Feuer erhitzen und zwei- dreimal aufkochen lassen; nicht häufiger, da sonst der Saft geliert und seinen Duft verliert. Den Schaum fortlaufend abschöpfen, das Ganze schließlich durch ein Tuch absieben.

Blätter und Knospen: Man sollte sie nicht vor der zweiten Augusthälfte ernten. Trocknen und in Weißblechbüchsen, die Tee enthalten haben, aufbewahren. 40 g davon in einem Liter kaltem Wasser ein bis zwei Stunden ziehen lassen; dann auf kleiner Flamme erhitzen und nur einmal aufkochen. Wieder zehn Minuten ziehen lassen. Drei bis vier Tassen davon täglich trinken: sie schwemmen Harnsäure aus dem Körper, wirken Kreislaufbeschwerden, vor allem in den Wechseljahren, entgegen und helfen bei Erkrankungen der Lymphgefäße. Der Absud wirkt auch schweißtreibend sowie als Tonikum und Adstringens; er verbessert den Stoffwechsel.

Mit denselben Proportionen läßt sich auch ein kalter Auszug herstellen: Man läßt die Blätter mehrere Tage in mit Weißwein versetztem Wasser ziehen und gibt zum Schluß etwas Zucker dazu. Auf diese Weise gewinnt man ein durststillendes und blutreinigendes Getränk.

Wein aus schwarzen Johannisbeeren: Man nimmt nicht ganz reife Beeren, damit der gesunde Gehalt an Weinsteinsäure voll erhalten bleibt. Man zerdrückt sie und läßt sie etwa 24 Stunden in einem Bottich liegen. Dann preßt man den ersten Saft in ein anderes Gefäß aus. Auf die Rückstände gibt man etwas lauwarmes Wasser, preßt sie und gießt den zweiten Saft zum ersten. Dann gibt man 500 g Zucker auf einen Liter Saft. Nun den Saft in ein Faß mit nicht eingeschlagenem Spund gießen und an einem Platz mit gleichbleibender Temperatur stellen. Nach sieben bis acht Tagen ist die Gärung beendet, und das Faß wird hermetisch verschlossen. Zwei bis drei Monate ruhen lassen, dann auf Flaschen ziehen.

(Mit der angegebenen Zuckermenge hält sich dieser Wein gut. Man kann auch noch etwas Branntwein hinzugeben.)

Schließlich *Johannisbeerlikör,* der früher sehr beliebt war und jetzt wieder in Mode kommt: Man legt in einen Steintopf 400 g abgestielte Beeren, einige Blätter und 60 g Himbeeren. 1 Liter 60%igen Alkohol hinzugeben. Einen Monat stehen lassen. Absieben, 600 g Zucker dazugeben.
Gelee: Siehe Rote Johannisbeeren.

Zitrone

Entgegen der häufig vertretenen Meinung sind Zitronen nicht reicher an Vitamin C als Orangen. Sie enthalten Vitamin B (vor allem B_1) und K sowie Provitamin A. Sie sind reich an Kalzium, Kalium, Phosphor, Eisen und Jod. Und sie enthalten natürlich Zitronensäure, ein Blutverdünnungsmittel und Antiseptikum für die Verdauungs- und Harnwege. Wenn man Zitronen ohne gewöhnlichen Zucker ißt, begünstigen sie die Fixierung des Kalziums im Körper; zudem eliminieren sie die toxischen Säuren, wie beispielsweise Harnsäure. Zitronen eignen sich ausgezeichnet zur Behandlung von Krampfadern, Venenentzündungen und von «zu dickem» Blut. Sie sind gut gegen Arteriosklerose und zur Beseitigung von Toxinen, die sich in den Gelenken abgelagert haben (Arthritis, Rheumatismus). Sie wirken der Blutgerinnung entgegen. Harntreibend. Weil sie den Stoffwechsel anregen, tonisieren und entlasten sie die Leber: Man braucht nur eine mit der Schale in Scheiben geschnittene Zitrone in warmes Wasser zu legen und mehrmals zwischen den Mahlzeiten davon zu trinken.
Man soll aber auch hier nicht übertreiben: Es gibt zwar Diätspezialisten, die intensive Zitronenkuren gegen alle Formen von Rheumatismus, gegen Gicht, als Mittel gegen Harnsäure, zur Gewichtsabnahme und Entschlackung empfehlen. Aber eine solche Kur muß langsam gesteigert werden; sie soll mit höchstens einer halben Zitrone pro Tag beginnen und darf höchstens um eine halbe Zitrone alle zwei bis drei

Tage erhöht werden. Man kann gegen Harnsäure bis auf 10 Zitronen täglich gehen, muß aber darauf achten, daß die Früchte wirklich ausgereift sind. Dann setzt man die Menge langsam wieder herunter. Um schädliche Reizwirkungen auf die Zähne zu vermeiden, benützt man für den oben beschriebenen Saft Trinkhalme. Kein Zucker, er würde säurebildend und entmineralisierend wirken.

Zitronensaft ist ein Antiseptikum und Adstringens erster Ordnung. Einige Tropfen, auf die Handfläche geträufelt und in die Nase hochgezogen, stoppen Erkältungen und Nasenbluten. Tägliches Gurgeln mit lauwarmem Zitronensaft lindert Halsentzündungen und Angina. Zitronensaft tötet gewisse Krankheitserreger im Wasser, auf Salaten, an Fisch und Fleisch ab. Der Saft reinigt und kräftigt das Zahnfleisch, heilt Zahnfleischbluten. Er kräftigt empfindliche Haut, beseitigt Frostbeulen und macht spröde Nägel wieder geschmeidig.

Zitronensaft, zwei- oder dreimal in der Woche als Lotion angewendet, reinigt die Gesichtshaut, verleiht ihr samtigen Glanz und verlangsamt (oder beseitigt) die Runzelbildung. Auch Sarah Bernhardt verwendete zu diesem Ziel Zitronensaft, mit Orangensaft vermischt. Frauen wissen seit langem, daß sie ihre Hände schön erhalten, wenn sie sie jeden Abend mit einer Mischung aus je 1 Teil Zitronensaft und Glyzerin und $\frac{1}{2}$ Teil Kölnischwasser einreiben.

Die frische *Zitronenschale* wirkt nicht nur adstringierend und desinfizierend, sondern ist auch eines der besten Mittel gegen Körpergeruch. Man reibt die schweißabsondernden Stellen damit ein. In den meisten modernen Mitteln gegen Körpergeruch ist Zitronenschale enthalten.

Man kann Zitronen mehrere Monate in trockenem Sand aufbewahren: mit dem Stielansatz nach oben und so, daß sie sich nicht gegenseitig berühren. Man kann sie auch in verschlossenen Gläsern aufheben. Zitronen mit dicker Schale halten zwar länger, sind aber von minderer Qualität.

Blumen

Im Gesundheitsgarten brauchen wir auch diese schönen Pflanzen, die uns allein schon wegen ihrer schlichten Anmut wohltun; sie haben dazu noch weitere hilfreiche Eigenschaften.

Iris

Frischen Iris-Blättern wohnt eine geheimnisvolle Kraft inne: Wenn man sie im Mixer zerkleinert und als Kompressen während zwei bis drei Stunden auf Hühneraugen und harte Haut auflegt, dann genügen schon zwei, höchstens drei Anwendungen, und man kann die Hühneraugen schmerzlos herausheben!

Der frische Wurzelstock wirkt abführend; man vermischt 0,25 bis 2 g mit etwas Honig.

Getrocknete Wurzel: Harntreibend, blutreinigend, schleimlösend wirkt ein zwei Minuten gekochter Absud, den man 20 Minuten an der Wärme stehen läßt und mit Honig versetzt. Gegen Erkältungen, Bronchitis, Keuchhusten und Asthma gibt man jede Stunde ein bis zwei Eßlöffel. Gegen akute Leberbeschwerden nimmt man 2 bis 3 Tassen täglich zwischen den Mahlzeiten.

Wegen ihres guten Duftes legt man die getrockneten Iriswurzeln in Kleider- und Wäscheschränke.

Ich stelle ausgezeichneten «Armagnac» her mit einem guten Branntwein und 10 g der getrockneten Wurzel.

Man kann die Wurzel auch raspeln und statt Pfeffer zum Würzen verwenden. Ihre Gäste werden sich fragen, durch welchen Zaubertrick Sie sie mit einem völlig neuen und feinen Aroma bekannt gemacht haben.

Kamille

Die Römische Kamille mit ihren relativ großen gefüllten Blüten *(Anthemis nobilis)* ist die beliebteste Art. Die einfache Kamille ist zwar weniger hübsch anzusehen, aber ihre Blüten sind für die Gesundheit von größerem Wert. Ob einfach oder gefüllt, man erntet die Blüten im Juni oder Juli, bevor sie sich ganz geöffnet haben – und bei trockener Witterung. Sie werden am Schatten luftgetrocknet. Die Blätter besitzen dieselben Eigenschaften und werden ebenfalls für medizinische Zwecke verwendet.

Die Pflanze enthält eine himmelblaue Essenz (das Azulen) von bemerkenswerter antiseptischer Wirkung, sowie Valeriansäure, ein kräftiges Beruhigungsmittel. Die Kamille ist ein Bittermittel, sie wirkt appetitanregend und als Tonikum für die Verdauung.

Für einen *Kamillentee* zehn Blüten mit 1 dl siedendem Wasser übergießen, eine halbe Stunde und länger ziehen lassen (warm stellen). Blüten wie auch Blätter wirken beruhigend auf den Darm, lösen Krämpfe der Verdauungswege und beseitigen Blähungen; sie sind außerdem gut gegen Leberstauungen. Ungezuckert wirkt Kamillentee appetitanregend und bekämpft Darmträgheit. Kamille hilft auch gegen Neuralgien, Migräne, nervöse Depressionen. Wirkt durch das Azulen fiebersenkend und ist ein gutes Mittel gegen die Grippe; sehr wirkungsvoll auch, wenn man den Dampf inhaliert.

Wurmmittel für Kinder: eine Tasse Kamillentee nach einem großen Löffel Olivenöl. Hierbei ist die Wirkung der ungefüllten Kamille wesentlich größer.

Äußerlich wird ein 20 Minuten gekochter, konzentrierter *Absud* (50 bis 100 g je Liter) immer noch häufig zum Aufhellen und Kräftigen des Haars verwendet.
In der Kosmetik finden wir die Kamille in Lotionen, Cremen und Ölen zur Behandlung der Haut und als Mittel gegen Runzeln im Gesicht und am Hals; als Rasierwasser ist sie wegen des Azulens gut geeignet.
Dient als Antiseptikum bei Verletzungen und kleinen Eiterungen. Wird auch für Augensalben verwendet.
Kamillenöl (200 g Blüten auf 1 Liter Öl, zwei Stunden bei 100 Grad ziehen lassen) wird gegen Gelenkschmerzen, Rheumatismus, Neuralgien, Verrenkungen, Verstauchungen und Prellungen verwendet.

Kapuzinerkresse

Sie rankt sich im Frühjahr zart an der Hausecke oder am Geräteschuppen empor. Ihr Name rührt von den Kapuzen der Kapuzinermönche her.
Sie bietet teilweise dieselben Wirkstoffe wie die Gartenkresse. Sogar Schwefel, besonders in den Blättern, die roh in Salaten verwendet werden können und diesen einen feinen Geschmack verleihen. Die Blätter sind abführend und helfen bei der Menstruation; wegen ihres Schwefelgehaltes sind sie ein gutes Mittel gegen chronische Bronchitis, gegen Emphyseme und Erkrankungen der Lymphgefäße: *Tee* aus 10 g in einem Liter Wasser 10 Minuten ziehen lassen. «Eine Verjüngungspflanze und Blume der Liebe, die mit den Eigenschaften eines Aphrodisiakums ausgestattet ist.» (Léon Binet)
Man legt die Blütenknospen, die sehr reich an Wirkstoffen sind, in Essig ein und benützt sie wie Kapern. Die aufgegangenen Blüten (die nicht so viele Wirkstoffe enthalten, aber eßbar sind) dienen zur Dekoration von Salaten. Die Früchte wirken abführend.
Ein *Absud* aus 30 g Blättern, Knospen und Früchten in

einem Liter Wasser ergibt eine Lotion zur Behebung von Haarausfall und zur Kräftigung des Haarwuchses. Die Kapuzinerkresse wird in vielen modernen Schönheits- und Haarwaschmitteln verwendet.

Malven (Stockrosen)

Man kann auch diese seltsam steifen, hohen Stengel, an denen lauter einzelne Blüten wachsen, lieben lernen. Sie bevorzugen einen tiefen Kiesboden mit viel Sonne. Man versetzt die im März gesäten Malven im Juni an einen solchen Standort, möglichst vor einer sonnigen Wand. In Büschen oder nebeneinander aufgereiht.

Diese Malven haben einen hohen Gehalt an Schleimstoffen. Blüten, Blätter und Wurzeln halten sich getrocknet gut.

Ein *Aufguß* aus 10 bis 30 g Blüten und jungen Blättern auf einen Liter Wasser wird gegen chronische Bronchitis, Darmentzündung und Durchfälle getrunken. Er hilft erstaunlicherweise auch bei chronischer Verstopfung.

Äußerlich angewendet, ist der Tee ein gutes Mittel bei allen entzündlichen Vorgängen, Hautkrankheiten, entzündeten Verletzungen. Als Bad zur Kräftigung müder Füße und Hände und zur Behandlung von Blasen. In der Volksmedizin wird seit langem ein Absud aus Blütenknospen in heißen Kompressen oder Fingerbädern gepriesen, um Furunkel oder Nagelbetteiterungen zum schnelleren Reifen und Heilen zu bringen.

Ringelblumen

Ringelblumen werden von März bis Juni gesät.

Aus 30 g getrockneten Blättern oder Blüten je Liter einen Absud zubereiten; davon zwei Tassen pro Tag trinken – er beruhigt die Nerven, ohne zu Depressionen zu führen, lindert Leberstauungen und ist ein gutes schweißtreibendes Mit-

tel bei Grippe, Bronchitis und Lungenentzündungen. Ringelblumen bringen die Regel in Gang und lindern Menstruationsschmerzen.
Getrocknete Blüten werden mit der fünffachen Menge 60-prozentigen Alkohols angesetzt und nach zwei Wochen abgesiebt. Diese Tinktur wirkt stark schweißtreibend.
Äußerlich angewendet fördern Ringelblumen wie ihre Verwandte, die Arnika, die Vernarbung bei Verbrennungen und Verletzungen. Sie aktivieren die Erneuerung des Hautgewebes, besonders im Gesicht und an den Händen – in Cremen und Reinigungsmilch werden Ringelblumen daher in der Kosmetik verwendet.

Rosen

Die *Roses de Provins* kommen der wilden Rose, die in der Provence häufig ist, am nächsten. Die Botanik verbindet heute den Namen «Rose de Provins» mit der *Rosa Gallica,* einer der «Urrosen». Man sammelt an einem kühlen und trockenen Morgen die Knospen, die kurz vor dem Aufspringen stehen, ein, denn sie sind besonders reich an Gerbsäure. Sie werden am Schatten getrocknet und in gut verschlossenen Büchsen aufbewahrt.
Sie wirken als Adstringens und Tonikum sowie stopfend und blutstillend. Ein Aufguß aus 10 bis 20 g je Liter Wasser schließt durch seine Gerbsäure die erweiterten Poren der Haut. Der lauwarme Aufguß dient zum Gurgeln bei Angina und Halsentzündungen. In Form von Kompressen bei Migräne zu verwenden. Das destillierte Rosenwasser ist ein bekanntes Augenmittel.
Rosensirup: In einen Tontopf eine Lage Blütenblätter legen; darauf eine Lage Zucker; dann wieder eine Lage Blütenblätter und so weiter, und schließlich als Abschluß eine Lage Zukker. Darauf legt man ein mit einem Gewicht beschwertes Brettchen oder einen Teller. Den dicken Saft, der nach einer

Weile austritt, mit einem Löffel herausholen und in eine Flasche füllen.
Man kann die Rückstände mit Branntwein auslaugen, so entsteht ein köstlicher, wohlschmeckender Likör.
Rosenhonig: Einen konzentrierten Aufguß mit 80 g Rosenblättern auf 100 g kochendes Wasser 24 Stunden stehen lassen. Dann der Flüssigkeit 100 g Honig zusetzen. Anschließend auf kleiner Flamme kochen, bis die Konsistenz von Honig erreicht ist.
Rosenessig: 100 g Rosenblätter in einem Liter Essig acht Tage ziehen lassen. Bei Halsschmerzen zwei Teelöffel auf ein Glas Wasser einnehmen.

Veilchen

Die nichtduftenden Arten sind viel weniger aktiv, und man tut schon aus diesem Grund gut daran, dem duftenden Veilchen im Gesundheitsgarten einen Platz einzuräumen. Zudem ist es eine der ersten Frühlingsblumen. Wer es übers Herz bringt, ihm das Leben zu nehmen, pflückt die Blüten am Morgen, kurz nachdem sie aufgeblüht sind. Sie werden in einem offenen Glasbehälter im Schatten getrocknet.
Veilchenblüten lindern den Husten und wirken außerdem schleimlösend. Man trinkt einen Tee aus einem Eßlöffel Veilchen pro Tasse dreimal am Tag zwischen den Mahlzeiten. Man kann auch noch andere Hustenmittel hinzufügen: Schlüsselblumen, Huflattichblüten etwa. Veilchenblüten dienen auch zur Verzierung von Salaten: Welch schöner Anblick, wo es draußen fast noch Winter ist!
Veilchensirup: 100 g frische Blüten ohne Kelchblätter in einem Liter Wasser läßt man nach kurzem Aufkochen eine Nacht lang stehen. Dann absieben, dabei die Veilchen gut ausdrükken. 1500 g Zucker dazu. 2 bis 8 Teelöffel täglich für Kinder gegen Husten. Mit warmem Wasser versetzt: als Mundwasser, zum Gurgeln.

Die Blätter haben dieselben Eigenschaften, sie wirken zudem lindernd auf Entzündungen im Verdauungstrakt.
Die Wurzel wird als Brechmittel und zur Blutreinigung verwendet.

Körner und Kerne

Um meinen Idealgarten liegen große Weizen- und Haferfelder, an denen entlang es sich wunderschön spazierengehen läßt. Wie schön sind auch die Felder mit Mais, der sich immer höher gen Himmel reckt, so daß in unserer Gegend die Bauern ihre Stangenbohnen an ihm hinaufwachsen lassen!
Es gibt auch noch andere Felder, auf denen es noch höher wächst als unsere Gartenmauern und auf denen große, dunkle Scheiben, von flammendem Gold umgeben, sich nach unten neigen: die Sonnenblumenfelder. Von morgens bis abends drehen sie sich der Sonne zu, um möglichst viel Licht in sich aufzusaugen. Das Öl aus den Samen in diesen dunklen Scheiben gehört zu den allerreichsten Quellen für ungesättigte, für uns lebensnotwendige Fettsäuren.
Welches Kind, welcher Gärtner hat nicht schon einmal in seinem Garten ein kleines Beet mit Weizen angesät, nur um voller Glück beobachten zu können, wie das Getreide heranwächst, das uns das Brot schenkt, und sich an den vielfältigen Erscheinungsformen seiner Entwicklung zu erfreuen! Und mit wieviel Spaß probieren und essen wir bei Spaziergängen einzelne Körner in den verschiedenen Etappen ihres Reifwerdens! Ernster geht es bei den Saatzüchtern und Ernährungsfachleuten zu: Sie haben eine Menge neuer Getreidesorten entwickelt, die immer mehr, immer größere Körner bringen und so immer erheblicher zur Ernährung der Erdbevölkerung beitragen. Und Getreide ist haltbarer, leichter

zu transportieren und bietet mehr Nährstoffe als viele andere Lebensmittel. Die Forscher haben Hybriden gezüchtet, die in ihren Körnern kostbare Proteine enthalten und diese dem Menschen in vollem Umfang nutzbar machen – Proteine, die sich fast mit denen der besten Fleischsorten auf eine Stufe stellen lassen!
Wir wollen uns in diesem kurzen Kapitel mit den wertvollen Gesundheits-Beiträgen befassen, die in den Körnern verschiedener Getreidearten enthalten sind. Und wir werfen einen Blick auf die Kerne unserer Nüsse, die überraschend viel Gesundes zu bieten haben.

Gerste

Graupen: das heißt, Gerstenkörner ohne ihren Spelz. *Perlgraupen:* ebenfalls entspelzt, aber anschließend poliert. Grobgemahlene Gerste heißt *Gerstengrieß* oder *Gerstengrütze*.
Malz ist gekeimte Gerste, sehr reich an Vitamin B_{12} und E.
Gerste enthält im wesentlichen dieselben Vitamine wie Weizen. Sie wirkt harntreibend, blutreinigend, milde regulierend auf die Darmtätigkeit, nervenberuhigend. Gerste ist besonders nützlich bei allen Entzündungen der Verdauungsorgane, der Harnwege und der Lungen; sie entlastet die Leber und ist gut gegen Furunkel. *Gerstenschleim* wird genau wie Reisschleim hergestellt. Gegen Furunkel drei Tassen täglich vor den Mahlzeiten zu sich nehmen; anschließend ist eine Hefekur anzuraten.

Hafer

Sehr reich an Lipiden sind besonders *Haferflocken* (fast ebensoviel wie Weizenkeime). Haferflocken enthalten übrigens auch große Mengen an Kalium, Kalzium, Eisen und Phosphor. Und alle Vitamine der B-Gruppe sowie Vitamin E und sogar D! Hafer gibt Kraft und Schwung, ist aber für Hypernervöse nicht ratsam. Wirkt gegen Muskelschwäche und psychische Depressionen. Regt die Schilddrüse an, verleiht geschwächten Patienten neue Energie. Nicht umsonst werden Haferflocken und Hafergrütze von den Bewohnern kalter Länder besonders geschätzt. Der Hafer muntert ja auch Rennpferde auf.

Hafer wirkt harntreibend und, im Gegensatz zum Reis, leicht abführend. Er wird verschrieben gegen Grippe, Rheumatismus, Angina und für alle Erkrankungen, bei denen man das «Terrain» entgiften muß: Man läßt 3 Handvoll Hafergrütze zwei Stunden in zwei Liter Wasser kochen, seiht ab. Davon trinkt man 3 Gläser morgens nüchtern, weitere 3 Gläser am Nachmittag. Diese Behandlung setzt man mehrere Tage hindurch fort.

Hafer senkt den Blutzucker, was bei der Diabetesbehandlung seit langem ausgewertet wird. Er enthält eine dem Follikelhormon verwandte Substanz, die bei beiden Geschlechtern gegen Impotenz wirken soll.

Haselnüsse

Einen Haselnußstrauch sollten wir in einer Gartenecke haben (und zwar eine der Arten mit großen Nüssen) oder im Spätsommer wildwachsende Haselnüsse sammeln können...

Die Haselnuß ist unbestritten die nahrhafteste aller Ölfrüchte und hält sich den ganzen Winter. Sie enthält eine Menge Karotin und Vitamin B_1, B_2, Pantothensäure; außerdem etwas Vitamin C, aber nur, solange sie frisch ist. Sie enthält ein leichtes Öl, das reich ist an wertvoller Linolsäure, einer ungesättigten Fettsäure. Außerdem das kostbare Vitamin E (das bei Frauen und Männern der Sterilität entgegenwirken soll). Ferner 15 bis 16% pflanzliches Eiweiß und reichlich Magnesium, Kalzium, Kalium, Eisen, Phosphor, Schwefel. Haselnüsse sind leichter verdaulich als Walnüsse.

Die *Rinde* junger Zweige wirkt wie Chinin adstringierend

und fiebersenkend. Sie setzt auch die Neigung des Blutes zur Gerinnung herab und ist deshalb sehr gut für den Blutkreislauf. Man sammelt sie am Ende des Winters und bereitet daraus mit 25 g auf einen Liter Wasser einen Absud zu.

Gegen Ende Januar, noch vor den Blättern, erscheinen die *Kätzchen*. Gekocht (25 g pro Liter Wasser) ergeben sie ein zuverlässiges Abmagerungsmittel. Sie wirken außerdem schweißtreibend.

Ein *Blätteraufguß* (mit der gleichen Menge) wirkt blutreinigend und ist ein ausgezeichnetes Mittel gegen Hautkrankheiten. Bei Venenentzündungen vermindert er die Thrombosegefahr; er wirkt auch fiebersenkend.

Hirse

Man unterscheidet Rispenhirse und Kolbenhirse. Mit letzterer füttern wir unsere Vögel im Käfig. Die Rispenhirse ist eine der ältesten Getreidepflanzen; sie war schon in vorgeschichtlicher Zeit verbreitet. Hirse enthält viel Phosphor und Magnesium. Sie wird oft für Intellektuelle, für Nervöse und für alte Menschen, die an Arteriosklerose leiden, empfohlen. Man kann sie in Reformgeschäften kaufen. Sie wird wie der Reis zubereitet, aber mit dem wichtigen Unterschied, daß sie viel schneller gar wird. Man kocht sie im doppelten Volumen Wasser. Oder man bereitet sie mit Milch und etwas Honig oder mit Rosinen; sie schmeckt auch in Lauchsuppe.

Mais

Man hat kältebeständige Hybriden gezüchtet, deren Blätter sich im Licht vollkommen aufrichten und die eine Ernte von über 200 Zentner auf den Hektar ergeben! Mais enthält bekanntlich viel Linolsäure. Man versteht, warum junge, ohne Fett in der Pfanne geröstete Maiskörner so schmackhaft und so gut für die Gesundheit sind! Unter der Hitzeeinwirkung

platzen sie und öffnen sich, man könnte sagen zu unregelmäßig geformten weißen Blüten, die für Zunge und Gaumen ein Vergnügen sind. Für Kinder kann man die frischen Maiskörner vor dem Erhitzen mit Zucker überstreuen, dann werden sie mit einem Lack aus rötlichem Karamel überzogen.
Ein weiteres Gesundheitsrezept: Man kocht frische Kolben in Salzwasser und ißt die Körner heiß mit Butter und Salz.
Mais hat von allen Getreidearten am meisten Kalorien. Man schreibt ihm eine regulierende Wirkung auf die Schilddrüse zu.
Die weiblichen wie die männlichen Blütenstände am Mais enthalten Silizium und Kalium; sie wirken deshalb gleichzeitig harntreibend und beruhigend auf die Harnwege. Man nutzt sie immer noch als klassisches Heilmittel bei Herzerkrankungen, wenn der Arzt die Harnabsonderung erhöhen will, um die Menge des zirkulierenden Blutes zu senken. (Man kocht 20 g Maisblüten zehn Minuten in einem Liter Wasser. Nach Belieben trinken.)

Reis und Weizen

Der Reis ernährt immer noch den größten Teil der Menschheit. Aber er enthält weniger *Gluten* (eine wertvolle Proteinart) als Weizen und hat zuviel Stärke. Zwar sind bei neuentwickelten Reisarten diese Unterschiede teilweise ausgeglichen worden, aber infolge der Verfeinerungsmanie in Asien und Europa ißt man meistens den sogenannten *weißen* Reis (der seiner Silberhaut, in der die meisten Vitamine sind, beraubt ist). So hat er noch mehr von seinem Wert verloren als weißes Weizenmehl; es bleibt ihm praktisch nur etwas Kalium.
Daraus erklären sich die schrecklichen Mangelkrankheiten, die auch heute noch in Ländern auftreten, wo als Hauptnahrung polierter Reis gegessen wird; vor allem die Beriberi-Krankheit, die über Schwäche- und Lähmungserscheinungen zum Tode führt. Man hat festgestellt, daß die Angehörigen

bestimmter Stämme auf Ceylon, die nur unpolierten Reis essen, gegen Seuchen widerstandsfähiger bleiben; sie sind gesund, ausdauernd bei der Arbeit, haben gute Zähne und schönes Haar.

Beim Getreide ist es nämlich wie beim Obst: Die für den menschlichen Organismus wichtigsten Stoffe nehmen an Menge und Qualität zu, je näher sie der Schale liegen; und die Keimregion ist sogar noch reicher daran. Der ungeschälte Reis enthält je kg 80 g Proteine, Weißbrot und polierter Reis nur 35 g. Der ungeschälte Reis enthält, wie das Vollkornmehl, auch verschiedene Vitamine, Mineralstoffe sowie zahlreiche Spurenelemente. Aber: den ungeschälten Reis muß man sehr lang kochen.

Der Weizenkeim enthält (wie alle Getreidekeime) in Fülle jene wesentlichen Proteine, die man sonst nur in den besten Ölen oder Fleischsorten findet, und die Vitamine A, B_1, B_2, E und K. 100 g Weizenkeime enthalten bis zu 70 mg Vitamin E (das sogenannte Fruchtbarkeitsvitamin). Im Handel werden Weizenkeime in Pulverform verkauft; man kann es auf Suppen und andere Speisen streuen. Das ebenso wertvolle Weizenkeimöl ist nicht besonders teuer und läßt sich gut tropfenweise Salaten oder kalten Vorspeisen zugeben. Diese Wirkstoffe und die der Hülle des Weizenkorns am nächsten liegenden Elemente sollten eigentlich dem Mehl oder Brot wieder beigegeben werden.

Die Kosmetik verwendet Weizenkeime wegen ihrer Vitamine, ihres Phosphors und Öls in Nährcremen für die Haut; sie wirken außerdem gegen Runzeln und als Sonnenschutz: die Haut wird widerstandsfähiger und zeigt rasch eine dauerhafte, goldbraune Färbung.

Teigwaren: Wenn sie aus geschältem Hartweizen hergestellt sind, enthalten sie keine anderen Nährstoffe als Stärke und Gluten. Ich kann nur lachen über Reklamesprüche wie «Nudeln aus dem Herzen des Weizens». Ich habe selbst lange genug nach Diätvorschriften gelebt, um gelernt zu haben, daß

man diese armen Nudeln mit guter, frischer Butter, proteinreichem Käse und Weizenkeimen «herzhaft» machen muß.
Der *polierte Reis* ist für überernährte Leute und wegen seines Kaliumgehalts für alle, die salzlos essen oder Entwässerungskuren machen, geeignet. Dank seiner reinen Stärke heilt er Durchfall.
Reisschleim: Man kocht 30 g Reis in einem Liter Wasser mindestens 1 Stunde lang und ersetze teilweise den dabei durch Verdampfen entstandenen Flüssigkeitsverlust. Durchseihen. Zuckern oder salzen oder beides. Zu trinken bei Verdauungsstörungen oder nach Fasttagen zur Vorbereitung auf die erste Gemüsebrühe. Gegen Durchfälle. Beruhigt die Magennerven und wirkt sogar stopfend.

Roggen

Weniger nahrhaft als Vollweizen, milde abführend, enthält Jod. Roggenbrot eignet sich bei Darmträgheit und Verstopfungen, bei Zellulitis, «dickem Blut» und Arteriosklerose. In Ländern, wo man nur Roggenbrot ißt, treten Gefäßkrankheiten seltener auf als anderswo.

Walnüsse

Ein Nußbaum im Garten würde alles pflanzliche Leben ersticken, das in seinem Schatten gedeihen möchte. Aber Walnüsse gehören dennoch zum Gesundheitsgarten: man kann sie ja überall kaufen.
Sie enthalten annähernd die gleichen Nährstoffe wie Haselnüsse, nur viel weniger Kalzium, dafür aber wesentlich mehr Phosphor. Wie Haselnußöl enthält auch Walnußöl jene Linolsäure, die im menschlichen Stoffwechsel im Gegensatz zu vielen anderen Fetten kein Cholesterin erzeugt. Sie lindert Venenerkrankungen. Außerdem sollte man den guten alten Rat beherzigen, schwächliche Kinder am ganzen Körper mit

Walnußöl einzureiben: sie können so durch die Haut eine Menge direkt assimilierbarer Stoffe aufnehmen, die andere Organe ihnen nicht geben.
In manchen Gegenden trinkt man einen Aufguß aus 25 g der stark tanninhaltigen Walnußblätter auf einen Liter Wasser als tonisches Tischgetränk; als Mittel zur Senkung des Blutzuckers ist er bei Diabetikern gut bekannt. Ein Absud aus 50 g Blättern auf einen Liter Wasser dient als Bad oder Kompresse zur Behandlung roter oder schweißiger Hände, von Frostbeulen sowie von Entzündungen der Augenlider und Gerstenkörnern; man reibt auch die Kopfhaut damit ein, um geschmeidiges Haar zu bekommen. In Kompressen fördert der Nußbaumblätter-Absud das Wachstum der Wimpern und Augenbrauen und heilt Milchschorf. Schwächliche oder nervöse Kinder badet man in Wasser, dem man Absud aus 300 g Blättern zusetzt. Das in den Walnußblättern enthaltene Juglon hat eine starke Regenerationswirkung bei Hautkrankheiten: Ekzemen, Impetigo, Psoriasis, Schuppen. Der Absud ist außerdem ein kräftiges Desinfektionsmittel.
Der Geruch der zerriebenen Blätter soll Bienen, Wespen und Flöhe vertreiben; man braucht sich damit nur die Hände, das Gesicht und die Beine einzureiben oder sie aufs Kopfkissen zu legen.
Nußwein (oder -wasser): 1. Rezept: Man läßt 1 dl guten Branntwein und 40 g frische Nußbaumblätter 10 Tage in einer gut verschlossenen Flasche ziehen; gelegentlich schütteln. Dann abseihen. In einen Liter Weißwein (Nußwasser) oder Rotwein (Nußwein) gießen. 100 g oder mehr Zucker, je nach Geschmack, hinzufügen. Appetitanregend, Magentonikum, gut gegen Koliken. Sollte vor Gebrauch eine Zeitlang gelagert werden.
2. Rezept: Man gibt 4 junge, mit ihrer grünen Schale zerstampfte Nüsse in einen Liter Weiß- oder Rotwein, der mit 1 dl Branntwein sowie 100 bis 150 g Zucker versetzt worden ist. Einen Monat oder länger ziehen lassen. Durchseihen. Der

Weißwein hat die Farbe von Madeira angenommen (Nußwasser).

Nußbranntwein: 30 fast ausgereifte Walnüsse in einem Steinguttopf zerstampfen. Einen Liter Branntwein, 4 g Zimt und die Schale einer halben Zitrone hinzugeben. Zwei Monate gut verschlossen ziehen lassen. Durchseihen. 200 g Zucker hinzugeben.

Der Absud aus reifen Außenschalen (50 g auf einen Liter Wasser) wird bei Mundfäule und Rachenentzündungen zum Gurgeln verwendet.

Zerkauen eines Stückchens grüner Schale lindert Zahnschmerzen. Der Saft aus frischen Schalen läßt Hautflechten verschwinden.

Kommen wir zum Nußöl zurück. Im Winter sollte man kaltgepreßtes Nußöl in allen Salaten verwenden, und zwar nicht nur wegen seiner ungesättigten Fettsäuren, die dem menschlichen Körper so besonders zuträglich sind, sondern auch weil es an Karotin (Provitamin A) besonders reich ist. Es ist gut für Schwache, für alle Menschen, die von Arteriosklerose und Herzinfarkt bedroht sind, sowie für alle, deren Blut zuviel Cholesterin enthält.

Nußöl wird schnell ranzig. Bei der industriellen Verarbeitung verliert es seine Provitamine. Zum Braten und als Backöl eignet es sich nicht, da es sich bei starker Erhitzung in unerwünschte Bestandteile zersetzt.

Der große «Garten für alle»

Wer sich von Zeit zu Zeit aus der Umklammerung seines Stadt-Daseins lösen und in der freien Natur, dem großen «Garten für alle» selbst holen möchte, was dort für seine Gesundheit wächst, braucht ein gut illustriertes Taschenbuch, das ihm die *Pflanzen erkennen* hilft. Und dann wird samstags oder sonntags fröhlich gewandert, und wir nehmen uns vor, bei jedem Spaziergang nur ein einziges Kräutlein, einen Baum oder Strauch wirklich gut kennenzulernen. Wir merken uns, wo eine Pflanze wächst, welche Form sie als Ganzes hat, studieren ihre Blüten vor allem, um festzustellen, zu welcher Familie sie gehört. Denn wie bei Tieren und Menschen sind es auch bei Pflanzen vor allem die mit der Fortpflanzung zusammenhängenden Organe, die auf eine bestimmte Zugehörigkeit hinweisen. Das Hirtentäschelkraut etwa ist an den kleinen Blüten mit ihren vier kreuzweise angeordneten Blüten- und den vier Kelchblättern leicht als Mitglied der großen Familie der Kreuzblütler erkennbar – es ist mit den Kohlarten, mit Rüben, Rettichen, den Senfpflanzen und Kressen nah verwandt.

Und mit jeder Pflanze, die wir dann wirklich kennen, ist auch die Erinnerung verbunden an den Weg, der uns zu ihr geführt, den Menschen, der uns dabei begleitet hat, an Stunden der Verbundenheit mit der Natur, die so unschätzbare Gesundheitsgewinne zu verschenken hat. Vergelten wir ihr das Geschenk nicht mit krassem Undank! Wir ernten im großen «Garten für alle» nur bescheiden und vorsichtig eben so viel, wie wir brauchen. Wir schonen gewissenhaft jede Pflanze, die unter Schutz gestellt worden ist, weil Ausrottung sie bedroht. Wir trampeln nicht grob in ein Getreidefeld, über einen grünenden Acker. Kurz – wir verhalten uns wie Freunde, nicht wie Plünderer.

Eine Warnung noch, die heute leider unumgänglich ist: Noch viele Meter weit vom Rand der Autostraßen sind auch die an sich gesundheitlich wertvollsten Pflanzen nichts für uns; sie sind von Abgasen und Staub vergiftet. Und auch in oder nahe bei einem Obstgarten, der vielleicht mit Spritzmitteln behandelt worden ist, gibt es für uns nichts zu holen – das versprühte Mittel mag auch die Kräuter getroffen haben, die dort wachsen.

• *Wann ist Erntezeit?* Die oberirdischen Teile der Pflanzen erreichen ihren Höhepunkt an Saft und Kraft kurz vor der Blütezeit. Die Blüten sollten wir pflücken, solange sie noch «jungfräulich», also nicht bestäubt sind. Für die unterirdischen Teile beginnt die Erntezeit, bevor die Pflanze ganz ausgewachsen ist oder (vor allem bei Wurzelknollen und Wurzelstücken) nach der Blüte, wenn die Pflanze «daran denkt», Reserven anzulegen.

Haben Sie sich vorgenommen, so gut und vielfältig wie möglich Ihre Vorräte aufzufüllen, dann sollten Sie die Zeit um den Johannistag, den 24. Juni, wählen. Dann sind die Tage am längsten, die Sonnenstrahlen am ausdauerndsten und in den meisten Heilkräutern die Wirkstoffe am kräftigsten. Doch gibt es auch Pflanzen, die erst Ende des Sommers oder gar des Herbstes blühen und nicht die gleichen Optimalzeiten haben.

Wählen Sie auf jeden Fall Schönwettertage – nicht zu heiß, nicht zu trocken, nicht zu feucht sollten sie sein. Ziehen Sie nicht mit der Botanisierbüchse los, sondern mit Papiertüten oder Stoffsäckchen.

Die Tageszeit der Ernte? Sie erinnern sich – beim Gemüse und Salat sprachen wir davon –, daß die oberirdischen Teile der Pflanzen des Morgens am saftreichsten sind, wenn gerade eben die Sonne den Tau getrocknet und die Pflanze ihr aktives Tagesleben aufgenommen hat. Was aber unter der Erde wächst, konzentriert seine Wirkkraft besser nach des Tages Arbeit, wenn am Abend Stengel und Blüten aufhören, Ansprüche an die Wurzeln zu stellen. Und vergessen Sie nie, daß Pflanzen, die man im Tau oder bei feuchtem Wetter erntet, sich kaum als haltbar erweisen werden – ebensowenig wie die bei großer Hitze gepflückten. Noch ein Rat für den, der seine Heilkräuter selbst sammelt: Der Vorrat sollte alljährlich erneuert werden, denn nur wenige Kräuterarten (beispielsweise Thymian, Majoran, Quendel) behalten wie gedörrte Wurzeln und Beeren ihre Wirkkraft länger als ein Jahr.

• *Heilpflanzen aufbewahren und anwenden:* Am besten wäre es schon, die heilsamen Kräuter, die uns gerade nottun, auf Sammelspaziergängen so oft wie möglich gleich dort, wo sie wachsen, frisch gepflückt zu essen. Wir tun auch gut daran, jedesmal eine Handvoll zarter junger Triebe heimzubringen, um sie gehackt über einen Salat, ein Horsd'œuvre, eine Suppe oder Gemüseplatte zu streuen. Doch wir möchten einen stets greifbaren Vorrat zu Hause haben – schauen wir uns die Konservierungsmöglichkeiten an:
In Speiseöl eingelegt, kühl und dunkel aufbewahrt, sind Frühlingssprosse, z. B. Waldreben oder Hopfen, eine (begrenzt) haltbare Delikatesse, die schon unsere Urgroßeltern wie Spargelspitzen schätzten.
Als Saft läßt sich den Heilpflanzen ein Teil ihrer Kraft entpressen – doch fehlen im Haushalt die Möglichkeiten, solche Säfte haltbar zu machen. Wir müssen sie im Reformhaus suchen.
Sirup ist durch den Zuckergehalt gut haltbar. Man bereitet

Kräutersirup aus Tee oder Absud, den man 5- bis 10mal stärker zubereitet als bei direkter Verwendung (die Maße sind bei den einzelnen Pflanzen angegeben). Damit die Wirkstoffe erhalten bleiben, sollten Tee oder Absud möglichst nicht gekocht werden. In der abgesiebten, noch heißen Flüssigkeit löst man das gleiche Gewicht an Zucker auf und füllt den Sirup in Flaschen ab. Zum Trinken wird er mit heißem oder kaltem Wasser verdünnt.

Einen wäßrigen Auszug gewinnt man folgendermaßen: Die zerkleinerten Pflanzenteile werden in möglichst kalkfreiem, abgekochtem, lauwarmem oder klarem Wasser vier Stunden oder länger eingeweicht, dann abgesiebt, wobei man die Pflanzenteile gut auspreßt. Ein solcher wäßriger Auszug hält sich, in verschlossener Flasche kühl aufbewahrt, einige Tage.

Tinkturen sind Auszüge in Alkohol. Sie sind beinahe unbegrenzt haltbar. Herstellung: Frische oder getrocknete Pflanzenteile werden, zerkleinert, im Verhältnis 1:9 bis 2:8 mit 70prozentigem Alkohol angesetzt. Die Mischung bleibt zwei oder mehr Wochen lang an einem mild warmen Ort stehen, dann werden die festen Bestandteile abfiltriert. Die so entstandene Tinktur wird in genau etikettierte Fläschchen abgefüllt, die lichtgeschützt aufbewahrt werden sollten. Ihrer Haltbarkeit wegen, und weil sich die tropfenweise einzunehmenden Tinkturen besonders gut dosieren lassen, sind sie sehr nützlich.

Ein Aufguß entspricht dem, was wir im allgemeinen «Tee» nennen. Kochendes Wasser wird auf die frischen oder gedörrten Pflanzenteile gegossen, und nach kurzem oder längerem Ziehen ist die abgesiebte Flüssigkeit trinkfertig.

Im Absud werden die Pflanzenteile gewissermaßen ausgekocht. Man setzt sie meist im kalten Wasser auf, das man mehr oder weniger schnell zum Kochen bringt, in dem man sie dann ziehen läßt oder noch kürzere oder längere Zeit am Kochen hält.

Die sublinguale Methode, pflanzliche Heilmittel durch Absorption über die Schleimhaut unter der Zunge in den Körper zu bringen, steckt noch in den Anfängen, doch lohnt es sich wohl, sie vorsichtig auszuprobieren. Sie besteht darin, daß mit einem kleinen Löffel fein zerkleinerte Pflanzenteile unter der Zunge verteilt werden, wo sie zwei bis drei Minuten wirken sollten, während denen der Patient es vermeidet, zu schlucken.

Auf den nun folgenden Seiten darf ich Ihnen eine Auswahl wildwachsender Pflanzen und ihre Heilkräfte kurz vorstellen.

Ackerwinde

Liebt Felder und Hecken. Sie ist ein ausgezeichnetes Laxativ, das von der Medizin schon lange auch zur Behandlung von Leberinsuffizienz, Leberstauungen, Zirrhose und Urämie verwendet wird. Die Ackerwinde ist ferner gut bei Herzinsuffizienzen.

Aufguß aus 20 g Blüten und Blättern auf einen Liter Wasser, eine Tasse vor den Hauptmahlzeiten; man kann die Dosis je nach Krankheitsverlauf erhöhen.

Alant

Er ist ein Verwandter der Sonnenblume und gedeiht auf fetten Wiesen. Seine Wurzelknollen enthalten, wie die des Topinamburs, Inulin, jene Art von Stärke, die im Körper sofort in wertvollen Fruchtzucker umgewandelt werden kann und für Schwerarbeiter und Hochleistungssportler wichtig ist, weil sie sehr rasch Energie spendet. Inulin kommt auch in Artischockenböden, in Schwarzwurzeln und in der Zichorie vor.

Alant hat tonische und blutbildende Eigenschaften und hilft bei Verstopfungen der Lymphgefäße, bei Übermüdung und allgemeiner Schwäche. Er ist harntreibend und fördert die

Ausscheidung von Harnstoff und Salz. Er wirkt schleimlösend. Der *Aufguß* aus 14 bis 30 g in einem Liter Wasser, dem man 30 g Zwiebelsaft oder Honig zusetzen kann, oder in Bier oder Wein war stets ein gutes Hausmittel.
Die Wurzelknolle regt die Magentätigkeit an; getrocknet duftet sie, wie die der Iris, nach Veilchen. Der Alant ist, wie die Bitterorange, einer der am häufigsten verwendeten Bestandteile von Aperitif-Schnäpsen.

Arnika

Sie stand eine Zeitlang in geringem Ansehen, weil man zu viele Krankheiten damit behandeln wollte und weil sie bei innerer Anwendung nicht ungefährlich ist. Aber man hat jetzt ihre starke Wirkung bei der äußerlichen Behandlung, besonders von Blutergüssen, Hämorrhoiden und schmerzhaften Quetschungen wiedererkannt. Man wendet Arnika in heißen oder kalten Kompressen (Absud aus 8 g getrockneten Blüten auf einen Liter Wasser) oder als Tinktur an (50 g getrocknete Blüten in einem halben Liter 70prozentigem Alkohol zwei Wochen ziehen lassen, abseihen). In der modernen Kosmetik werden Cremen auf Arnika-Basis erzeugt, die beruhigend, lösend und heilend wirken; ausgezeichnet zur Pflege von Händen, die vor Kälte oder im Spülwasser aufgesprungen sind.

Baldrian

Auch Katzenkraut genannt, weil Katzen und Kater durch den penetranten Geruch dieser Pflanze in lustvolle Ekstase geraten. Die so heilsame getrocknete Baldrianwurzel riecht denn auch stark nach Katzenkot – für Menschen nicht gerade angenehm.
Man darf die Wurzel nur im September oder Oktober ernten, und zwar an möglichst trockenen Standorten, weil sich

dort die heilenden Eigenschaften am besten entfalten. Man reinigt sie, schneidet sie der Länge nach auf und läßt sie an der Luft trocknen.

Sie ist immer noch eines der besten Beruhigungsmittel, das aber trotzdem eine kräftigende Wirkung auf das Nervensystem ausübt. Baldrian ist gut bei verschiedenen Krampfzuständen, sogar bei Magenkrämpfen, sowie bei Herzklopfen, Schlaflosigkeit und Alpträumen; er wird bei Neurasthenie, Hysterie, Reizbarkeit, Wallungen und nervösem Asthma empfohlen.

Man läßt 60 bis 100 g zwölf Stunden in einem Liter lauwarmem Wasser stehen und trinkt davon 2 bis 3 Tassen täglich zwischen den Mahlzeiten.

Berberitze (Sauerdorn)

Ein sehr dorniger Strauch, der häufig in Hecken auf kalkhaltigem Boden vorkommt; er hat gelbe Blütentrauben und längliche, korallenfarbige Früchte ohne Kern. Man sieht ihn auch in Gärten und öffentlichen Anlagen in verschiedenen Zierarten mit herrlich dunkelroten Blättern.

Die Wurzel schmeckt bitter und wirkt fiebersenkend; die Rinde ist ein Abführmittel. Beide regen Leber und Milz an.

Die vor den ersten Frösten gesammelten Beeren sind reich an Äpfel- und Zitronensäure. Man verarbeitet sie zu *Konfitüren* und verwendet dabei die gleiche Menge Zucker.

Die Beeren lassen sich auch getrocknet aufbewahren. Wenn man sie später im Mörser zerstampft, zwei Stunden in der zehnfachen Menge Wasser ziehen und dann 1 Minute kochen läßt, ergeben sie einen wohlschmeckenden *Tee*. Man trinkt davon 3 bis 4 Tassen täglich gegen Kreislaufbeschwerden, Herzinsuffizienz, Atmungsbeschwerden und Asthma. Die Berberitze sollte als Mittel gegen Wallungen, Schwindelanfälle und Blutungen in den Wechseljahren wieder mehr benützt werden.

Birke

Eine Zierde der Wälder und Parks. Ihre Blätter werden im Juni und September gesammelt: sie ergeben – als *Absud* von 30 bis 60 g in einem Liter Wasser – eines der besten harn- und wassertreibenden Mittel, speziell gegen Ödeme, Wassersucht, Rheumatismus, Gicht und Nierenkoliken.

Die im März/April gesammelten Knospen, 20 g in einem Liter Wasser 20 Minuten auf kleiner Flamme gekocht, ergeben, mit etwas Honig vor jeder Mahlzeit getrunken, ein gutes Mittel gegen Verstopfungen der Lymphknoten.

Die Rinde wirkt fiebersenkend und adstringierend und hilft gegen Durchfall: Man kocht 20 g Rinde in einem Liter Wasser 20 Minuten lang und trinkt von diesem Tee drei Tassen pro Tag.

Äußerliche Anwendung: Kompressen aus jedem beschriebenen Absud sind gut gegen Lymphdrüsenentzündungen, Flechten, Hautausschläge, Ekzeme, Psoriasis und Gesichtsröte, sogenannte Couperose. Im Handel wird die Rinde immer häufiger für Hautpflegemittel, Lotionen, Cremen, Öle und Säfte verwendet.

Blaubeere (Heidelbeere)

Die Beeren sollte man nur in ganz reifem Zustand sammeln, wenn sie ihre tiefblaue Farbe erreicht haben und auf der Zunge zergehen. Dann sind sie reich an Provitamin A, Vitamin C, Fruchtzucker, Mineralsalzen, Pektinen, Tannin sowie an Eisen, Kupfer und Mangan. Sie sind ein gutes Tonikum, wirken adstringierend und desinfizierend; sie bringen Gärungen und Fäulnisprozesse im Darm zum Stillstand und werden deshalb bei Darmkoliken, Durchfall (auch Amöbenruhr) und Entzündungen der Mundschleimhäute empfohlen. Die moderne Medizin unterstreicht ihre Wirkung auf den Sehpurpur, durch die das Sehen bei Nacht verbessert wird.

Heidelbeeren werden entweder an der Sonne oder im nicht zu heißen Backofen bei häufigem Umwenden gedörrt und an einem trockenen Ort aufbewahrt.

Man kocht 50 bis 80 g getrocknete Beeren fünf Minuten lang in einem Liter Wasser, dann zerdrückt man die Beeren und läßt alles 15 Minuten ziehen. 2 bis 6 Tassen pro Tag; auch für Einläufe zu verwenden.

Tinktur: 20 g getrocknete Beeren läßt man 14 Tage lang in einem Deziliter 70prozentigem Alkohol bei Zimmertemperatur ziehen: Sehr wirksam zum Beispiel bei Mundfäule und Entzündungen der Mundschleimhäute, zum Gurgeln (20 Tropfen auf ein halbes Glas warmes Wasser) bei Halsentzündungen. Gegen Durchfall: Ein Teelöffel Tinktur in einer Tasse heißem Wasser.

Sirup: Die mit der Fruchtpresse ausgedrückten Beeren ergeben 70% frischen Saft; Pfund auf Pfund mit Zucker vermischen und aufkochen.

Die gekochten *Blätter* (30 g in einem Liter kaltem Wasser aufsetzen, aufkochen, ziehen lassen, im Laufe von 24 Stunden trinken) besitzen, wie man im Labor festgestellt hat, die wichtige Eigenschaft, den Zuckerspiegel im Blut zu senken, was für Diabetiker von Bedeutung ist. Sie stellen außerdem ein gutes Desinfektionsmittel für die Harnwege dar. Man kann den Absud auch zum Gurgeln bei Rachenerkrankungen verwenden.

Brennessel

Wir unterscheiden die Große und die Kleine Brennessel, im Unterschied zur Taubnessel, die weder brennt noch sticht und zu einer ganz anderen Familie gehört. Die beiden echten Arten stechen und hinterlassen Brandblasen, und zwar mittels mikroskopisch kleiner «hakenförmiger Injektionsspritzen», die mit einem außerordentlich wirksamen Reizstoff gefüllt sind, dem Histamin-Acetylcholin. Die Pflanze sticht, wenn man sie von oben berührt. Als Kind sammelte ich Brennnesseln; meine Mutter reicherte damit den Brei für ihre kleinen Enten an. Ich faßte damals stets die Brennesseln mit den Fingern von ganz unten her, so als seien meine Finger Stiele. Daraufhin, so schien es mir, faßten die Brennesseln Zutrauen; sie brannten mich nie.

Die Blätter sind reich an Provitamin A, Kalium, Schwefel, Eisen, Kalzium, Titan, Mangan, Tannin, Proteinen und sogar Lipiden. Sie sind, feingehackt oder zermahlen Suppen oder Spinat beigegeben, ein besonders wirksames Kräftigungsmittel. Sie sind für Kinder, alte Menschen und Sportler besonders zuträglich.

Der aus 40 bis 60 g frisch gehackten oder getrockneten Blättern hergestellte *Absud* enthält, wenn man ihn nicht länger als 5 Minuten kochen läßt, eine Substanz, die nach den neuesten Forschungen den Zuckeranteil im Urin von Diabetikern herabsetzt. Lindert Magenkrämpfe und wirkt blutstillend, daher gut bei übermäßigem Regelfluß. Der Absud ist ferner blutreinigend, besonders wenn er aus jungen Trieben im Frühjahr hergestellt wird, und wirkt als Tonikum auf die Nieren. Das gleiche gilt für die aus frischen Blättern hergestellte, tropfenweise zu verwendende *Tinktur* aus 100 g Nesseln, die man 14 Tage in 70prozentigem Alkohol ziehen läßt und dann abfiltriert.

Aber nichts wirkt so gut wie der mit der Saftpresse ausgedrückte, frische Saft. Er ist als Lotion zur Behandlung von Hautkrankheiten und Ausschlägen geeignet und fördert, zusammen mit dem Saft aus Blättern oder grünen Samen der Kapuzinerkresse, den Haarwuchs. Er ist ferner ein gutes Mittel gegen Schuppen. Brennessel-*Lotionen* sind in der Kosmetik sehr bekannt. Hier ein Rezept: 100 g frische Brennesselblätter, 60 g frische Kapuzinerkresse, 1 Liter 60prozentiger Alkohol; 14 Tage an der Sonne stehen lassen. Filtrieren. Mit dieser Lotion morgens und abends die Kopfhaut massieren.

Die Brennesseln ergeben ein an Proteinen und Lipiden dreibis viermal reicheres Heu als das beste Viehfutter. In manchen Gegenden beginnt man auf wenig ertragreichem Boden Brennesseln anzubauen. Aber sie trocknen schlecht. Man vermengt sie mit Heu und anderem Viehfutter. Im Frühjahr sind sie der Luzerne um mehr als einen Monat voraus.

Efeu

Er klammert sich an, er klettert und windet sich nach oben; und er ist außer in den giftigen Beeren ein wahrer Segen für die Gesundheit, wie auch Laboratorien und moderne Medizin feststellen konnten. Sie haben in der Pflanze das *Hederin* gefunden, einen starken Wirkstoff, der in verschiedenen Medikamenten gegen Rheuma, Gicht, Arteriosklerose, Leberstauungen und Erkältungen angewendet wird.

Zur inneren Anwendung bringt man 20 g frische, kleingeschnittene und zerquetschte Blätter in einem Liter kaltem Wasser langsam zu kurzem Aufkochen und läßt den *Absud* 10 Minuten ziehen. Ein gutes Mittel gegen Neuralgien, unregelmäßige Regel, Rheumatismus, Ischias, Hexenschuß: 3 bis 4 Tassen täglich.

Von der *Tinktur* aus frischen Ranken (10 g auf 1 dl 70prozentigen Alkohol, drei Wochen ziehen lassen, abfiltern) nimmt man viermal täglich 10 Tropfen gegen hohen Blutdruck, Keuchhusten, See- und Reisekrankheit.

Kompressen mit dem Absud oder der in Wasser oder Salben verdünnten Tinktur sind gut gegen Nerven-, Rheuma- und Ischiasschmerzen. Oder noch besser: Man macht mit feingehackten frischen Blättern einen heißen Umschlag, wobei man eventuell Kleie oder Leinsamenmehl hinzugibt.

Und schließlich hilft Efeu auch ganz zuverlässig gegen Hornhaut und Hühneraugen: die feingehackten Blätter müssen 12 Stunden in Essig und Salz liegen, ehe man den Brei aufträgt.

Ehrenpreis

Auch unter dem Namen Veronika *(Veronica officinalis)* ist der Echte Ehrenpreis bekannt. Die kleinen, vierblätterigen, kreuzweise angeordneten himmelblauen Blüten sind von einer reizenden Unregelmäßigkeit, aber in Wirklichkeit aus einem Stück. Der Echte Ehrenpreis enthält verschiedene Aromastoffe, Tannin und viele für den menschlichen Körper wichtige Mineralsalze.

Mindestens 50 g Blüten und Blätter werden mit einem Liter kochendem Wasser überbrüht und 2 bis 3 Tassen davon täglich eingenommen: ein sicheres Tonikum. Der Tee wirkt auch verdauungsfördernd, schleimlösend und ist ein gutes Mittel bei Asthma und Leberstauungen.

In Verbänden und Kompressen: gegen Hautausschläge und Geschwüre. Mundspülungen bei Zahnfleischentzündungen.

Eiche

Alle Eichenarten sind in ihren Blättern, Eicheln und Rinden reich an Tannin, das Fäulnis hemmt und sowohl die Gefäße als auch das Gewebe zusammenzieht. Das Tannin der Eiche wird vom Verdauungstrakt viel besser vertragen als reines Tannin, weil es mit Pflanzenschleim verbunden ist.

Die *Rinde* wird kurz vor der Blütezeit eingesammelt, aber nur der glatte Teil von Ästen, die nicht älter als drei bis vier Jahre sind. Und wir ziehen normale Sommereichen den Wintereichen vor, die zuviel Tannin enthalten. Die an der Luft getrocknete Rinde wird seit langem zur Behandlung von Frostbeulen verwendet. Sie wird gemahlen, lange gekocht (30 bis 60 g pro Liter Wasser) und für heiße Arm- und Fußbäder von 20 bis 30 Minuten Dauer verordnet. Mundspülungen mit diesem Absud kräftigen das Zahnfleisch.

Der aus gerösteten und gemahlenen *Eicheln* hergestellte Kaffee bekämpft Durchfall.

Erdrauch

Ein Unkraut, das man in vielen Gärten und auf Äckern findet, denn Erdrauch wächst gern in nährstoffreicher Erde. Mir hat das feingliedrige Pflänzchen mit seinen zierlichen rosaroten Blüten immer gut gefallen, denn es sieht sehr hübsch aus, und seine Heilkräfte sind bedeutend. Verwendet werden die Blütenstände, frisch gepflückt oder nach sorgfältigem Trocknen an luftigem, schattigem Ort.

Erdrauch reinigt Blut und Leber. Ein *Tee* aus 30 bis 60 g des getrockneten Erdrauchs in einem Liter Wasser hilft laut Olivier de Serres dazu, «die Harnstoffe auszutreiben, die Leber zu entlasten und verbrauchte Körpersäfte auszuscheiden». Er macht die Arterien elastisch. Laboruntersuchungen haben ergeben, daß der Erdrauch acht verschiedene Alkaloide enthält. Man hat ferner entdeckt, daß er blutdrucksenkend und krampflösend wirkt.

Esche

Jeder weiß, daß Eschenblätter ein mildes Abführmittel ergeben. Man sammelt sie zu dem Zeitpunkt, wo sie eine klebrige Flüssigkeit ausscheiden (Mai/Juni), und läßt sie im Schatten trocknen. Sie sind bitter und enthalten – neben einer erheblichen Menge Tannin – *Mannit,* auf das die abführende Wirkung zurückgeht. Außerdem enthalten Eschenblätter Kalzium und Vitamin C. Man überbrüht 20 bis 30 g grob zerkleinerte gedörrte Blätter mit einem halben Liter Wasser und trinkt davon eine Tasse morgens auf nüchternen Magen, eine weitere abends. Außerdem sind die Blätter ein appetitanregendes und kräftigendes Mittel; sie wirken harn- und schweißtreibend. Sie sind gut gegen Altersbeschwerden und regeln Verdauung und Stoffwechsel. Sie helfen ferner bei Nierenbeschwerden, Ödemen, Rheumatismus und Gicht.

Eschenrinde, im Frühjahr von Ästen, die nicht älter als 3 bis

4 Jahre sind, abgeschält und schnell getrocknet, enthält außerdem eine bittere, fiebersenkende Substanz, das *Fraxin*. Seine fiebersenkende Wirkung ist so stark, daß es auch als Chinin-Ersatz angesehen wird.
Ein 5 Minuten gekochter *Absud* aus 15 bis 60 g Rinde in einem Liter Wasser (vor den Mahlzeiten dreimal täglich eine Tasse) ist ein Mittel gegen Blutarmut, Bronchitis und (wie die Blätter) gegen Gicht, Ödeme usw. Professor Léon Binet nennt die Esche «Antigicht- und Antirheuma-Baum».

Fichte

Die Fichtennadeln sind reich an Chlorophyll und Provitamin A. Die getrockneten jungen Triebe helfen bei Vitamin-C-Mangel, sie haben harntreibende und bei Katarrhen lindernde Wirkung, mehr noch als die der Kiefer, deren junge Triebe übrigens oft auch unter dem bekannten Namen «Fichtennadeln» verkauft werden.
Vom *Aufguß* im Verhältnis 3:100 in Wasser oder Wein und sogar in Bier oder Milch kann dreimal täglich eine Tasse genommen werden. Man verwendet ihn auch zu Bädern, zum Inhalieren und Gurgeln.
Im Handel sind für Bäder und Duschen Fichtennadel-Essenzen zu haben, die den Blutkreislauf anregen und somit eine erfrischende Wirkung haben.

Fingerkraut

Das Wald-Fingerkraut ist als «Tormentill» in der Volksmedizin schon seit langem im Gebrauch. Es ist ein Mitglied der großen Familie der Rosengewächse. Wurzel und Blätter sind sehr reich an Tannin und wirken infolgedessen stark adstringierend. Olivier de Serres schreibt, es «lindere alle Arten von Schmerzen». Man empfiehlt es bei Gewebeschwäche, hartnäckigem Durchfall, chronischer Bronchitis und Asthma;

es ist ferner ein gutes Mittel gegen Hautflechten und Ekzeme. Man kocht 30 bis 60 g *Wurzeln* in einem Liter Wasser 10 Minuten lang auf kleiner Flamme. 4 bis 6 kleine Tassen pro Tag einnehmen.

Man verwendet Fingerkraut-*Absud* in Kompressen zum Abschwellen bei Verrenkungen, Verstauchungen und Frakturen. Mundspülungen damit helfen gegen Zahnfleischentzündungen.

Heckenrose

Die Frucht der Heckenrose, die Hagebutte, war schon im Altertum als besonders gesundes Nahrungsmittel bekannt. Laboruntersuchungen der neuesten Zeit stellen die Hagebutte, was ihren Gehalt an Vitamin C angeht, an die Spitze aller Pflanzenarten. Hinzu kommt ein großer Reichtum an Provitamin A, Vitamin B, E und K sowie an Tannin, Pektin und Zucker. Und dieser Reichtum hält sich auch in den getrockneten Hagebutten. Die Hagebutten sind sehr nahrhaft. Man erntet sie, wenn sie voll ausgereift sind und schon den ersten starken Frost erlebt haben. Sie halten sich noch besser, wenn man sie frisch zerstampft, sorgfältig durchsiebt, damit Samen und Härchen ausgesondert werden, Pfund auf Pfund mit Zucker vermischt und in etwa 10 Minuten zu einer wertvollen *Marmelade* kocht. Hierbei geht nur wenig von ihrem Gehalt an Vitamin C verloren. Man kann die Hagebutten auch getrocknet erstehen und zur *Tee*bereitung verwenden. Der Tee wie die Marmelade (50 bis 60 g pro Tag) sind ausgezeichnet für ältere Menschen, Grippekranke, Rekonvaleszenten und Kinder; sie regeln den Stoffwechsel und erhöhen die Abwehrkräfte. Außerdem machen sie am Ende des Herbstes den Körper für den Winter widerstandsfähig. Absud und Tee aus der ganzen Frucht sind wirksamer als die Konfitüre, weil die behaarten Samenkörner als Beruhigungsmittel dienen können; ein Aufguß aus ihnen allein (50 g je Liter, anschließend das Durchseihen nicht vergessen!) beruhigt die Nerven und wirkt gegen Angstzustände, Herzklopfen und Übelkeit. Man denke daran, daß Vitamin C nicht später als vier Uhr nachmittags genommen werden darf, da es das Einschlafen hinauszögern kann.

Die *Rosengalle* (verursacht durch ein Insekt) ist jener Auswuchs mit grünen und roten Haaren, der sich manchmal an Heckenrosenbüschen findet. Ich habe immer einige dieser behaarten Gallen in einer Schublade in meiner Apotheke; sie sind besonders reich an verschiedenen Tanninen und Vitaminen. Schon eine einzige Galle, zu Pulver zerstampft und in 200 g Wasser 20 Minuten gekocht, ergibt ein vorzügliches Adstringens zur Behandlung von Durchfall, dient zum Gurgeln bei allen Arten von Rachenerkrankungen, beschleunigt die Wundheilung. Man kann die Gallen auch in Wein einlegen (10 Gallen auf den Liter) oder im Verhältnis 1 zu 5 in 70prozentigem Alkohol zur Tinktur ausziehen.

Heidekraut

Das Heidekraut (Besenheide, Calluna, Erica) verabscheut Kalk und gedeiht besonders in sandigem, sogar saurem Boden. *Erikein* heißt auf griechisch *brechen,* den Stein brechen; jedenfalls steigert das Heidekraut die ausgeschiedene Urinmenge ganz beträchtlich. Außerdem hat man im Laboratorium festgestellt, daß Heidekraut eine Substanz enthält, aus der im Körper das wichtige Hydrochinonum entsteht, ein entzündungshemmender und desinfizierender Stoff speziell für Harnwege und Nieren – die Urinabsonderung wird durch ihn schnell wieder nach Menge und Qualität normal. Hierzu stellt man einen *Absud* aus frischen oder getrockneten Blütenzweigen (30 g auf einen Liter Wasser) her, den man so lange kochen läßt, bis sich die Wassermenge um ein Drittel verringert hat. Man trinkt ihn dann auf 24 Stunden verteilt.

Reich an Tannin, ist das Heidekraut ferner ein gutes Mittel gegen Darmentzündungen und Durchfall.
Als Vollbad stärkt es den Muskeltonus und lindert rheumatische Schmerzen; dem Vollbad wird dazu der aus 500 g Heidekraut-Blütenzweigen hergestellte Absud beigefügt.
Beim Sammeln der Blütenstände achte man darauf, daß sie noch keinen Rost angesetzt haben. Dieses Auswählen und Suchen bereitet an sich schon Freude, und wenn der Kranke selbst es schafft, längere Zeit hindurch die Heide nach geeigneten Stengeln abzusuchen, ist er schon halb geheilt.
Übrigens läßt sich aus Heidekraut-Blütenzweigen (20 g auf einen Liter Wasser) ein sehr angenehm schmeckender *Tee* bereiten.

Hirtentäschelkraut

Es ist eine der ersten Pflanzen, die ich als Kind kennenlernte; mit ihren dreieckigen Schötchen, die wie kleine Taschen der Hirten des Mittelalters aussehen, entzückte sie mich. Hirtentäschelkraut ist nah verwandt mit der Gartenkresse, wie sie enthält es Provitamin A, Vitamin B_1 und B_2, viel Vitamin C und E, Schwefel, Kalzium und Eisen. Aus den im Frühling gesammelten Blattrosetten läßt sich ein herrlicher Salat bereiten. Versuchen Sie es!
Hirtentäschelkraut wächst fast überall als Unkraut – im Garten, am Wegrand oder im Acker. Es wirkt tonisch und stimulierend auf die Gefäßnerven, senkt den Blutdruck und hält das Blut im Körper zurück; es ist gut bei Nasenbluten, schmerzhaftem oder zu starkem Regelfluß. Hierbei hebt es gleichzeitig die Spannkraft erschöpfter Patienten.
Es wirkt harntreibend, ohne die Harnwege zu reizen, und wird empfohlen bei Blasenleiden, Bettnässen und zur Auflösung von Steinen; es entlastet die Leber.
Man trocknet die ganze Pflanze und stellt mit 10 bis 15 g in einem Liter Wasser einen *Aufguß* her, von dem man

täglich drei bis vier Tassen zwischen den Mahlzeiten zu sich nimmt.
Warum nicht im Frühjahr eine Kur mit Hirtentäschel-Krautsalat machen?

Honigklee

Dieses Schotengewächs, das bei der Heuernte seinen Honigduft ausströmt, ist ein Heilkraut, speziell die gelbblühende Art. Es ist harntreibend und gleichzeitig ein anerkanntes Antiseptikum für die Harn- und Verdauungswege. Es wirkt beruhigend bei nervösen Erregungszuständen, bei Neuralgien und Hustenreiz. Es ist außerdem ein gutes Schlafmittel.
Tee aus 20 bis 30 g Blüten auf einen Liter Wasser. Augenbäder gegen Gerstenkörner und Entzündungen. Warme Kompressen gegen Koliken, rheumatische und neuralgische Schmerzen.

Huflattich

Die alten Römer schon nutzten den Rauch gedörrter Huflattichblätter als Mittel gegen Husten und Asthma. Die ganze Pflanze enthält Tannin und zahlreiche Schleimstoffe, Eisen sowie wichtige Öle und viel Kalium.
Man stellt aus den *Blüten* einen *Tee* her (20 bis 30 g pro große Tasse) und trinkt ihn dreimal am Tag zwischen den Mahlzeiten. Er ist ein schleimlösendes Mittel und wirkt gegen Bronchitis, Asthma und Grippe, außerdem bei Durchfall.
Die feingeschnittenen und getrockneten *Wurzeln* und *Blätter,* 50 bis 60 g in einem Liter Wasser aufgekocht, sind schweißtreibend und schleimlösend.
Bei akuten Asthmaanfällen verbrennt man Blätter und Blüten im Zimmer.

Johanniskraut

Es ist in Trockenwiesen, an Straßenböschungen und auf Schutthalden heimisch. Auffallend das leuchtende Goldgelb der Blüten.

Blätter und Blüten enthalten ein besonderes Harz. Früher nutzte man seine Heilkraft meist nur dadurch, daß man die feingehackten *Blütenstände in Öl* einlegte und in Glas drei Tage in der Sonne stehen ließ – die Sonne ist wichtig, wenn man ein schön rot gefärbtes Öl erhalten will, das wundheilende Kräfte hat bei Verletzungen, Verbrennungen, Krampfader-Geschwüren.

Als *Tee* (15 bis 20 g Blütenblätter auf einen Liter Wasser): Wie alle harzhaltigen Pflanzen (Kiefer, Fichte) ist auch das Johanniskraut ein gutes Mittel gegen chronische Bronchitis und Asthma. Laut Olivier de Serres «reinigt er die Gebärmutter der Frauen und bringt die Mädchen zum Erblühen». Er wirkt gegen Magengeschwüre, Blasenbeschwerden und Bettnässen bei Kindern: 2 g mit 2 g Schafgarbe und 2 g Salbei auf eine Tasse, nach der Abendmahlzeit zu trinken.

Kiefer

40 g getrocknete Kiefern-Knospen werden in einem Liter kaltem Wasser langsam erhitzt und eine Minute auf kleinem Feuer gekocht: Eine Tasse morgens und abends ist gut gegen Bronchitis und Asthma, Schlaflosigkeit, nervöse Zustände, Neuralgien, Muskel- oder Nervenschwäche und Rheumatismus. Wirkt harntreibend. Ein gutes Mittel gegen alle Hautkrankheiten, sogar gegen hartnäckige Nesselausschläge.

Klatschmohn

Mit unseren Kindern sammeln wir jedes Jahr, etwa im Mai oder Juni, die hübschen Blütenblätter in größeren Mengen.

Dann trocknen wir sie, so schnell wie möglich, auf großen Papierblättern. Schließlich bewahren wir sie, gegen Luft und Licht geschützt, in Teebüchsen auf. Seit einiger Zeit sammeln wir auch die Samenkapseln. Die Kapseln und Blütenblätter haben keinerlei narkotische Wirkung, sondern sind ein Linderungsmittel, sie wirken schweißtreibend und beruhigend auf Husten, Asthma und verschiedene Krampfzustände. Ich mache davon immer mit Malvenblüten einen Aufguß (je 10 g ein Liter Wasser), den ich meinem Absud aus Feldthymian (Quendel) hinzufüge. Das heiße Getränk ist ein gutes Mittel gegen Erkältungen, Grippe, Bronchitis und Angina.

Klette

Früher zog man Kletten im Garten und aß ihre zarten jungen Triebe und Wurzeln – was für den Fall einer Lebensmittelknappheit gut zu wissen ist. So finden wir auch die Klettenbüsche hauptsächlich bei Schutthaufen und ehemaligen Gärten.
60 g Klettenwurzeln, 20 Minuten in einem Liter Wasser gekocht, haben eine ausgezeichnete harntreibende Wirkung; außerdem hilft der Trank gegen Rheuma. Er wirkt auch schweißtreibend und blutreinigend und ist ein gutes Mittel gegen Hautkrankheiten.
Äußerliche Anwendung: Klettenwurzelöl (ein Extrakt in Olivenöl) oder Klettenwurzelspiritus (ein Extrakt in Medizinalspiritus) sind bewährte Haarwuchsmittel. Frische, zerquetschte Klettenblätter lindern rheumatische Schmerzen. Gegen diese helfen auch Umschläge aus leicht gesalzenem Essig, in dem Klettenblätter eine Nacht lang gelegen haben.

Königskerze (Wollkraut)

Man sieht sie häufig am Straßenrand oder an Bahndämmen. Ihre hohen, wolligen Stengel mit den pelzigen, großen Blät-

tern sind blaßgrün, sie tragen gelbe Blütenstände, aus denen man eine *Tinktur* herstellt (10 g Blüten in einem halben Liter 70prozentigem Alkohol 14 Tage ziehen lassen, abfiltern).
Die Blüten der Königskerze sind sehr wirksam gegen hartnäckigen nervösen Husten, gegen Kehlkopfentzündungen, Luftröhrenentzündungen, Bronchitis, Emphysem und Asthma. Sie sind in mancherlei modernen Medikamenten enthalten. Vom *Aufguß* aus 10 bis 20 g pro Liter Wasser (filtern, um die feinen Härchen abzuseihen, die sich auch an den Blüten befinden) trinkt man 3 bis 4 Tassen pro Tag; er hat eine schleimlösende, lindernde und harntreibende Wirkung; er ist außerdem gut bei Asthma, Luftröhrenentzündungen und sogar bei schmerzhaften Entzündungen der Magen-Darm-Region.
Bei *äußerlicher Anwendung* stellt der *Absud* aus Blättern und Blüten (30 bis 40 g pro Liter Wasser) ein gutes Mittel gegen Hämorrhoiden, Verbrennungen, Frostbeulen, Flechten und Juckreiz dar.

Linde

Die Blüte und das Hochblatt, das ihr als Flugmittel dient, müssen möglichst schnell gesammelt werden, da die Blüten schon drei oder vier Tage, nachdem sie sich geöffnet haben, gesundheitlich nur noch von geringem Wert sind.
Blüten und Hochblätter in einem *Tee*, 10 g pro Tasse, wirken schweißtreibend und beruhigend bei Schlaflosigkeit, Krämpfen und Angstzuständen. Aber Vorsicht! Viele wissen nicht, daß eine zu starke Dosierung Erregungszustände und Schlaflosigkeit zur Folge hat. Der Tee ist ebenso bei Kreislaufstörungen, Arteriosklerose, Krampfzuständen, Verdauungsstörungen und Grippe zu empfehlen.

Pappel

Es handelt sich hier vor allem um die *Schwarzpappel (Populus nigra)*, deren Knospen gegen Ende des Winters einen berauschenden Duft nach Harz verbreiten. Diese Knospen enthalten, in frischem Zustand, zwei Glukoside: Populin und Salizin; letzterem werden wir auch bei der den Pappeln verwandten Weide begegnen. Diese Substanzen wandelt der menschliche Organismus in Salizylsäure um. Man versteht, warum die Knospen dieser Pappel seit langem als Rheuma-Mittel und bei Neuralgien verwendet werden; sie wirken außerdem hustenstillend und harntreibend.

Man setzt 40 g Pappelknospen in einem Liter kaltem Wasser auf, läßt nach dem Aufkochen noch 5 Minuten auf kleiner Flamme ziehen und trinkt längere Zeit hindurch 4 Tassen täglich.

Man kann aus den Pappelknospen, um sie haltbar zu machen, auch einen Sirup, eine Tinktur oder einen Auszug in Weißwein herstellen. In Öl (40 g in einem Liter Öl 2 Stunden im Wasserbad erhitzt) haben die Pappelknospen eine gute Heilwirkung bei Hämorrhoiden, Frostbeulen und aufgesprungener Haut.

Die *Spitzpappel (Populus italica)* mit ihren lanzenförmigen Blättern hat in den Knospen dieselben Eigenschaften.

Die *Silberpappel* und die *Zitterpappel* (Espe) sind weniger heilkräftig. Hier nimmt man Blätter und Rinde.

Pimpinelle (Pimpernell, Bibernelle)

Man unterscheidet die Große Pimpinelle *(Pimpinella major)* und die Kleine Pimpinelle *(Pimpinella saxifraga)*. Mit rosafarbenen Dolden gedeihen sie auf Wiesen, in Wäldern und an Grabenrändern. Die Kleine Pimpinelle wurde früher oft auch in Gärten als Salat gezogen und wird es jetzt wieder. Die jungen Blätter dienen als Beigabe und als Gewürz in Salaten und feinen Suppen – sie erinnern im Geschmack ein wenig an Gurken, obwohl sie mit diesen nicht verwandt sind. Die beiden Pimpinellen sind adstringierend und blutstillend; sie wirken gegen Katarrhe, sind ein Tonikum und regen den Appetit an – vor allem die *Wurzel:* 50 g der getrockneten und feingeschnittenen Wurzeln werden in einem Liter Wasser langsam zum Kochen gebracht. Man trinkt 4 bis 5 Tassen davon täglich.

Primel

Jeder kennt sie unter dem Namen *Schlüsselblume.* Sie ist eine der ersten Frühlingsblumen. Im Labor hat man ihre interessante chemische Zusammensetzung festgestellt: Sie enthält Kampfer, Alkohol, ein Enzym (die *Primeverase)* und verschiedene Glukoside mit seltsamen chemischen Formeln, unter denen sich auch das *Primulin* befindet. Die Schlüsselblume wirkt beruhigend, schlafördernd und ist ein gutes Mittel gegen Magenkrämpfe. Sie wird gegen Schwindelanfälle, nervöse Migräne und Übererregung angewandt. Ihre *Wurzel* enthält Salizylstoffe und gilt seit langem als ausgezeichnetes Mittel gegen rheumatische Schmerzen, Grippe und Schlaflosigkeit; sie wirkt schleimlösend und harntreibend und ist ein gutes Mittel bei Blasensteinen. Schließlich regt sie die Speicheldrüsen an.

Man verwendet alle Teile der Pflanze zu einem kurz gekochten *Absud* – 15 g auf einen Liter Wasser, nicht mehr. Man kann auch getrocknete Blüten und Blätter zu Tee verwenden.

Achtung: Gewisse Primelarten sind als Zimmerpflanzen gefährlich! Es gibt relativ viele Menschen, die allergisch mit Hautausschlägen oder Asthma auf sie reagieren. Allerdings sind die Primelarten, die diese «Primelkrankheit» am häufigsten hervorriefen, praktisch aus dem Handel verschwunden.

Quecke

Ihre *Wurzel* wird immer noch häufig als harntreibendes Mittel verwendet, weil sie entzündete Harnwege nicht zusätzlich reizt. Außerdem hat sie eine blutreinigende, reizmildernde, schleimlösende und ausgesprochen antirheumatische Wirkung.
Man stellt aus 25 bis 50 g geschälten, kleingeschnittenen oder geraspelten Wurzeln in einem Liter Wasser einen *Absud* her, von dem man ab und zu ein paar Schlucke trinkt.

Quendel (Feldthymian)

Diese Thymian-Art nennt man auch «wilder Thymian». Ich sammle jedes Jahr vor der Blüte eine Menge davon ein. Der Quendel ist eines der besten Beruhigungsmittel bei Reizungen der Atemwege, Husten, sogar Keuchhusten, und Asthma. Dem *Absud* aus 30 g Quendel auf einen Liter Wasser füge ich zum Schluß noch 10 g Klatschmohn bei (siehe Klatschmohn).
Ein sehr gutes Verdauungsmittel, besonders für nervöse Mägen. Wirkt gegen Gärungen im Darm und gegen Verstopfung.
Als Badezusatz wirkt starker Quendel-Absud kräftigend bei schwächlichen Kleinkindern.

Robinie (Falsche Akazie)

Es ist der Baum, den man gemeinhin Akazie nennt. Er hat schöne, weiße, duftende Blütentrauben. Diese Blüten wirken beruhigend bei Übersäuerung des Magens und saurem Aufstoßen. Man brüht 10 g (frisch oder getrocknet) für eine Tasse Tee vor jeder Mahlzeit frisch an.

Roßkastanie

Er ist der Kastanienbaum unserer Alleen und Schulhäuser. Die Roßkastanie ist reich an Vitaminen, an Fett- und Gerbsäuren. Diese üben auf das Gefäßsystem eine zusammenziehende Wirkung aus, machen die Gefäße widerstandsfähiger und straffer, sie resorbieren die häßlichen und schmerzhaften Krampfadern. Ich verwende schon seit langem eine selbst hergestellte Kastanientinktur und bin immer wieder überrascht über ihre schnelle Wirkung bei schmerzhaften inneren und äußeren Hämorrhoiden. Man muß aber die *Tinktur* alljährlich erneuern: 100 g frische, in Scheiben geschnittene Kastanien läßt man 10 Tage in 120 g 70prozentigem Alkohol ziehen. Nur 10 Tropfen vor jedem Mittag- und Abendessen, 14 Tage im Monat.

Die Kastanie enthält ferner fluoreszierende und radioaktive Stoffe, und es ist nicht von ungefähr, daß manche Leute behaupten, nur dadurch z. B. von ihrem Rheuma geheilt worden zu sein, daß sie Kastanien in der Hosentasche trugen.

Die *Rinde* von Ästen, die nicht älter als zwei bis drei Jahre sind, im Vorfrühling gesammelt, dann getrocknet und zerkleinert, hat dieselben Eigenschaften; außerdem läßt sie die Prostata abschwellen und erleichtert das Wasserlassen; hierzu verwendet man einen *Absud* aus 30 bis 50 g auf einen Liter (zuerst kaltes) Wasser. Die Rinde ist auch ein gutes Tonikum für die Verdauungswege (bei Darmträgheit und saurem Aufstoßen), sie entlastet die Leber und wirkt fiebersenkend und gegen Durchfall. Man verwendet sie in Lotionen gegen rote Hände: das alte Hausmittel der Schmiede, das auch gegen Frostbeulen und Hautausschläge hilft.

Schachtelhalm

Oder Pferdeschwanz *(Equisetum)* oder volkstümlich Katzenschwanz. Seine urtümliche Form versetzt uns immer wieder

in Erstaunen, wenn wir ihm am Wegrand oder auf feuchten Wiesen begegnen; er gehört zu den ersten Pflanzen, die es auf unserer Erde gegeben hat. Wenn man ihn berührt, spürt man eine seltsame Härte – er ist sehr reich an Silizium. Der Schachtelhalm enthält außerdem Tannin, Kalium, Kalzium, Eisen, Magnesium, Mangan sowie einige Alkaloide, zu denen auch das *Equisatin* gehört. Die seit langem bekannte, außerordentlich stark remineralisierende Wirkung des Equisatins ist durch Laboruntersuchungen erklärt worden. Man weiß heute, daß die Heilung von Knochenbrüchen mit Silizium schneller in Gang kommt als mit großen Gaben an Kalzium. Silizium scheint als erster Ersatz zu wirken und dabei zu einer viel rascheren Verfestigung der Knochen an der Bruchstelle zu führen. Man könnte sich vorstellen, daß die Natur damit für eine schnell funktionierende Übergangslösung sorgen will, um die Zeit zu überbrücken, bis die zunächst überforderte Kalkbildung im Körper wieder die Oberhand gewinnt.
Seit langer Zeit ist der Schachtelhalm, und zwar mit Recht, als kräftig harntreibendes Mittel bekannt, das bei Nierenerkrankungen und Ödemen hilft. Er wirkt außerdem blutstillend. Er beschleunigt die Wundheilung im Bereich der Verdauungswege sowie der Harn- und Atmungswege.
Man sammelt ihn von Mai bis August. 50 g der grünen Teile werden in einem Liter Wasser zu einem *Absud* verarbeitet, den man nach und nach binnen 24 Stunden trinkt. Solche Kuren kann man längere Zeit ausdehnen.
Die jungen Triebe sind als Salat genießbar.

Schafgarbe

Die weißen Blütenstände sind reich an Tannin. Sie wirken als Magentonikum, blutstillend, sind gut für den Kreislauf (Krampfadern, Blutungen) und eines der besten Mittel gegen blutende Hämorrhoiden und Hautrisse am After. Ein Men-

struationsmittel ohne schädliche Nebenwirkungen, das Krampfzustände des Uterus lindert und die Schmerzhaftigkeit der Regel mildert.
Man trinkt eine Tasse *Tee* (aus 30 g halbfrischen Blütenständen in einem Liter Wasser) vor jeder Mahlzeit; aber der Aufguß zersetzt sich rasch. Vorzuziehen ist ein alkoholischer Auszug, der übrigens auch appetitanregend wirkt.

Schlehdorn

Hübsch sind die violetten und wie gepudert aussehenden Schlehen unserer Hecken. Sie enthalten Karotin, Vitamine der B-Gruppe, Kalzium, Eisen, Kalium, Mangan und Tannin. Man sollte sie erst nach den ersten Nachtfrösten, aber noch vor dem Winter sammeln. Man kann sie gedörrt gut aufbewahren. Es ist allgemein bekannt, daß sie bei Durchfall stopfend wirken: Man kocht eine Handvoll frischer oder getrockneter Schlehen in einem Liter Wasser und trinkt den *Absud* nach Belieben.
Weniger bekannt ist, daß andererseits die *Blüten* ein wirksames Abführmittel sind und auch harntreibend und blutreinigend wirken. Die *Blätter* sind gut bei Diabetes und Asthma; man stellt aus 15 g in einem Liter Wasser einen Tee her und läßt ihn lange ziehen. Dann trinkt man zwei Tassen davon täglich zwischen den Mahlzeiten.

Schwarzer Holunder

Ihr herrlichen Holunderbüsche unserer Gärten und Dörfer, die ihr, trotz eures brüchigen Holzes, bis zu hohen Bäumen heranwachst – ich habe nie aufgehört, eure weißen Blütendolden zu lieben, die wie stille, weiße Scheiben in der Luft schweben und die ganze Gegend mit ihrem feinen Muskat-Duft erfüllen!
Die getrockneten *Blüten* wirken schweißtreibend: 50 g je

Liter Wasser als *Tee*. Man kann den heißen Dampf auch unter einem Tuch einatmen, um Schweißausbrüche bei Fieberkranken zu erzeugen, die dann (laut Léon Binet) zwei, drei, vier Nachthemden durchschwitzen!
Blätter und Blüten wirken außerdem harntreibend und blutreinigend. In Form von *Kompressen* mildert der Absud aus den Blüten eine Gesichtsrose.
Die *Rinde* (von April bis Juni zu sammeln) wirkt abführend, ihre Anwendung ist aber manchmal mit Erbrechen und Schläfrigkeit verbunden. Getrocknet, dann mit 50 g auf einen Liter Wasser gekocht, ergibt sie einen *Absud*, der gegen Rheumatismus, Gicht, Nierenentzündung und Wassersucht hilft.
Die frischen oder getrockneten *Beeren* haben dieselben Eigenschaften (20 bis 30 g pro Liter Wasser).
Einige Gramm getrockneter Blüten verleihen Weißwein einen Muskatellergeschmack. Ich habe dieses Rezept oft für Dessertwein angewandt, den meine Gäste rühmten.
Äußerlich verwendet man Tee aus Blüten zur Behandlung von Frostbeulen und Gerstenkörnern.

Silberweide

Es gibt noch viele andere Weidenarten. Die Rinde aller Weidenarten wirkt fiebersenkend, tonisch, adstringierend, die Blätter zeigen gleiche Eigenschaften, wenn auch in geringerem Maße. Aber die Rinde der Silberweide ist am reichsten an Salicin, das im menschlichen Organismus zur Bildung von Salizylsäure führt, jenem wunderbaren schmerzstillenden Mittel, das seinen Namen von der Weide (*Salix*) erhalten hat!
Man sammelt die Blätter im Frühjahr, die Rinde Ende April oder September von zwei- bis dreijährigen Ästen. Man läßt beides am Schatten trocknen.
Ein *Tee* aus 60 g zerstampften Blättern auf einen Liter Wasser, von dem man täglich 3 bis 4 Tassen trinkt, ist ein gutes Mittel gegen Gesichtsneuralgien, Schlaflosigkeit und Angst-

zustände; wirkt beruhigend bei Überreizung der Geschlechtsorgane beider Geschlechter, lindert rheumatische Schmerzen und dämpft zu starken Regelfluß.
Der *Absud* aus 50 g zerstampfter Rinde in einem Liter Wasser hilft gegen Rheumatismus, Grippe, Fieber und Neuralgien.

Skabiose

Wer kennt nicht ihre schönen blauen oder rötlichen Blütenköpfe, die in den Bergen noch größer und noch viel schöner gedeihen?
Die ganze Pflanze ist bitter, appetitanregend, verdauungsfördernd und regt den Speichelfluß an. Sie wirkt schleimlösend.
Tee aus 10 bis 15 g auf einen Liter Wasser.
Aus der *Wurzel* läßt sich mit Branntwein ein bitterer Kräuterschnaps von schöner dunkelgelber Farbe brauen.

Ulme (Rüster)

Die *Rinde* der 2- bis 3jährigen Äste wirkt harntreibend, schweißtreibend und blutreinigend. Man läßt 40 g getrocknete und zerstoßene Rinde ein bis zwei Stunden in kaltem Wasser ziehen; dann bringt man sie langsam zum Kochen; anschließend absieben. 3 Tassen täglich: gegen Wassersucht, Rheumatismus, Durchfall, Hautkrankheiten (Akne, Ekzeme, Psoriasis).
Gegen trockene Ekzeme: 30 g pulverisierte Ulmenrinde in 100 g Öl aus süßen Mandeln 2 Stunden im Wasserbad erhitzen. Erst am folgenden Tag durchseihen.

Wacholder

Sammeln Sie geduldig die winzigen Beeren, sobald sie reif und leicht süß sind und eine schwärzlich-blaue Färbung zeigen; im Sauerkraut und zum Hasenbraten schmecken sie

großartig. Und auch im hausgemachten *Aperitifwein,* den wir aus Weißwein bereiten, um seine ganz besondere Farbe zu genießen: Beeren, getrocknet oder frisch, zerstampft, 30 g; feingehackte junge Wacholderzweige, 10 g; Weißwein 1 Liter; Rohzucker 60 g. Fünf Tage ziehen lassen, absieben.
Alle Teile der Pflanze, auch die holzigen, wirken tonisch sowie stark harntreibend; sie sind daher ein gutes Mittel bei Krankheitszuständen, die eine kräftige Diurese wünschbar erscheinen lassen. Läßt man 5 g zerstampfte Wacholderbeeren in einer großen Tasse Quendel(Feldthymian-)-Tee an einem warmen Ort eine Weile ziehen, so erhält man einen Heiltrank, der bei Bronchitis und Erkältung desinfizierend wirkt und läuterndes Schwitzen fördert.
Sind die Darmbakterien außer Rand und Band geraten, so daß es zu Gärungs-Durchfällen kommt, helfen Wacholderbeeren Ordnung schaffen und geben zugleich dem erschöpften Patienten neue Spannkraft – ich habe es am eigenen Leibe erfahren. Das *Rezept:* 20 bis 30 g getrocknete oder frische Wacholderbeeren, zerstampft, läßt man eine halbe Stunde an warmem Ort in einem Liter Wasser ziehen, der kochend darübergegossen worden ist. Vor jeder Hauptmahlzeit zwei bis drei Tassen von diesem Tee trinken.

Wegerich

Man findet Spitzwegerich und Breitwegerich überall in Gärten und auf den Feldern. Im Labor hat sich gezeigt, daß beide reich an Tannin und Pektin sind. Spitzwegerich ist seit langem beliebt als schleimlösendes Hustenmittel – man findet ihn in Bonbons und als Sirup im Handel. Wegerich wirkt desinfizierend auf Atmungsorgane und Harnwege und dämpft Asthma und Durchfall. Man bringt 20 g frische Blätter in einem Liter kaltem Wasser langsam zu kurzem Aufkochen und läßt sie dann die ganze Nacht stehen. Diese Dosis genügt für 24 Stunden.

Die ganz jungen Blätter hat man früher oft in Suppen und Frühlingssalaten gegessen – eine Gewohnheit, die wir wiederaufnehmen sollten.
Bei *äußerlicher Anwendung* sind die zerquetschten oder zerkochten frischen Blätter – meist nimmt man dafür die des Breitwegerichs – gut bei hartnäckigen Hauterkrankungen, Verbrennungen und Insektenstichen. Wegerich wird in der Naturheilkunde auch zur Behandlung von Augenentzündungen verwendet.

Weißdorn

Léon Binet lobt die beruhigende Wirkung des Weißdorns (Blüten, Beeren, Rinde) auf das ganze System der Herzkranzgefäße und nennt ihn den «Baldrian des Herzens». Der Weißdorn ist ein gutes Gegenmittel gegen den Streß der modernen Zeit. Er steht unter seinem botanischen Namen *Crataegus* in der «Pharmakopoe», dem amtlichen Medikamenten-Verzeichnis. Er findet unter anderem Verwendung gegen Herzklopfen, Wallungen, Herzjagen, Schlaflosigkeit, Angstzustände, Schwindelanfälle, Arterienentzündungen, Angina pectoris sowie gegen Beschwerden der Wechseljahre, Menstruationsschmerzen und Magenkrämpfe.
Man stellt aus den getrockneten *Blüten* einen *Tee* (1 Eßlöffel pro Tasse) her und nimmt davon täglich 2 bis 3 Tassen. Oder eine *Tinktur:* Man läßt einen Teil getrocknete Blüten in vier Teilen 70prozentigem Alkohol 14 Tage ziehen. Man nimmt 40 bis 50 Tropfen davon in etwas Wasser vor dem Schlafengehen. Gegen überhöhten Blutdruck nimmt man 20 Tropfen vor jeder Mahlzeit.
Weißdorn, der dem menschlichen Körper Widerstandskraft und ein längeres Leben beschert, wird jahrhundertealt; der Strauch, den wir als Kinder geliebt haben, wird noch leben, wenn wir selbst schon lange nicht mehr da sind.

Wiesenknöterich

Gehört zur Familie der Polygonazeen (Pflanzen, die an Trieben und Wurzeln zahlreiche «Knoten» oder Winkel bilden). Die Wurzel des Wiesenknöterichs krümmt sich zweimal zur Form eines S; die kleinen rosa Blütenstände sind in Ähren ausgebildet. Gedeiht in feuchten Wiesen und Wäldern kalkhaltiger Regionen.

Die *Wurzel* enthält reichlich Tannin und ist daher ein kräftiges Adstringens. Man kocht 30 g in einem Liter Wasser 15 Minuten lang oder läßt die zerschnittene Wurzel 8 Stunden in einem Liter gekochtem Wasser ziehen – 4 bis 5 Tassen davon täglich sind gut gegen Durchfall. Mundspülungen damit helfen gegen Mundfäule. Einläufe wirken gegen Durchfall, Hämorrhoiden und Risse am After. Kompressen aus dem Absud wirken antiseptisch, wundheilend und lindernd auf äußerliche Hämorrhoiden.

Wildes Stiefmütterchen

Ein altbekanntes und ausgezeichnetes Mittel zur Blutreinigung (gegen Akne, Milchschorf bei Kindern, Ekzeme usw.). Es wirkt außerdem harntreibend, schleimlösend, lindert den Husten und ist gut gegen rheumatische Beschwerden. Die ganze Pflanze enthält Salizylverbindungen.

Aus 40 g getrockneten Blüten oder der ganzen, feingeschnittenen Pflanze in einem Liter Wasser auf schwachem Feuer einen *Absud* bereiten und täglich 3 Tassen davon zwischen den Mahlzeiten trinken.

Register

Michel Gauquelin

Wetterfühlig – Einfluß des Klimas auf die Gesundheit

Wärme und Kälte, Wind und Wetter, Höhe und Tiefe, die Jahreszeiten und sogar die gewaltigen Explosionen auf unserem Tagesgestirn, die wir «Sonnenflecken» nennen – all diese Erscheinungen beeinflussen unsere Gesundheit. Wie? Weshalb? Aus vielen wissenschaftlichen Werken hat Gauquelin Antworten auf diese Fragen gesammelt und in verständlicher Sprache hier für alle jene zusammengestellt, die sich vom Wetter abhängig fühlen.

Jean Palaiseul

Gesund sein!

Erprobte Heilmethoden. Laminierter Pappband.
Eine wertvolle, weil vorsichtige und verantwortliche Sammlung von Wegen zur Gesundheit. Hier sucht man vergeblich nach «Wundermitteln», etwa gegen Krebs oder gegen Leiden, die bereits in ein Spätstadium eingetreten sind. Vielmehr werden wenig bekannte oder fast vergessene Heilmethoden vorgestellt, welche als sinnvolle Ergänzung der Medizin gelten dürfen, sowie eine Reihe von Hausmitteln, die man mit Erfolg und ohne Bedenken gegen verschiedenartige Beschwerden anwenden kann. Ein Buch, das Gesunden und Kranken, Heilern und Leidenden Mut und Anregung spendet.

Albert Müller Verlag
Rüschlikon-Zürich · Stuttgart · Wien